ヴィゴツキー小事典

思想・理論・研究の構想

佐藤公治

新曜社

はじめに

本書は、ヴィゴツキーの理論を理解していくうえで欠かせない彼の思想を著書、論文を通してみていこうというものである。今日、人間精神とその発達、そして教育の問題を考えていく時に、ヴィゴツキーの理論は欠かせない。それでは、ヴィゴツキーの理論とその神髄はどこまで正しく理解されているだろうか。たしかに人間の発達と学習、そして教育を論じていく時にヴィゴツキーの考えは欠かせないが、ヴィゴツキーの研究は必ずしも学習や教育の問題について限定したものではない。しかし、ヴィゴツキーと言えば「発達の最近接領域論だ」といったように、紋切型に紹介されていることが多い。そこでは必ずしも、彼が人間心理をどのように考えたのかは議論されていない。

本書がここで目指そうとしたことは次の二つである。第一は、ヴィゴツキーの著書、論文は日本語に翻訳されているものが多く、比較的簡単に読むことが可能である。だが、ヴィゴツキーを理解していくためにこれらの著書や論文の一つひとつを詳細に読んでいくことは、読者には大きなハードルである。そこで、本書では、彼の著書でも重要と思われるものを取り上げ、その内容を要約して一冊にまとめてみた。彼が書いた多数の著書や原稿のエッセンスをまとめて読むことで、彼の思想の連続性と全体像を得ることができるだろう。

第二の目的は、ヴィゴツキーが原稿を書いている時に、どのような考えの下で書いていたのか、それを知りたいということである。つまり彼の思想の背景にあったものを著著や論文だけからではなく、その時々に彼が思っていたことを研究の構想から探ってみることである。幸い、そのための資料として彼が遺した研究ノートがあり、『ヴィゴツキーのノートブック』として編集出版されている。これにはロシア語版（2018）とその英訳版（2018）がある。どちらも編者の注を入れると500ページを超える大著だが、ヴィゴツキーが何を考えながら原稿を書いていたのかを詳しく知ることができる。

そこで本書では、彼の主要な著書、原稿の内容をみていくことと併せて、彼が遺したノートの紹介を加えていくことにした。これによって、ヴィゴツキーが目指そうとした心理学の世界を立体的に描くことができると考えたのである。ヴィゴツキーの理論を通り一遍の概論的な理解ではなく、もう少し踏み込んで理解していけるものにしようとした。本書では、彼のノートについては コラム 欄を中心にしながら紹介していく。

ヴィゴツキー小事典　目次

装幀＝新曜社デザイン室

I　ヴィゴツキー、学生時代の思索

ヴィゴツキーはどのような人物だったのだろうか。そして、学生時代にはどのような考えを持っていたのだろうか。この章では、彼の三十七年間の生涯の中のギムナジウム、そして大学生の時期について、彼の人となりと、考えについてみていくことにする。特に彼の青年期における思想形成には、ユダヤ人としてロシアの地で生を受けた影響が避けがたくあった。

1　ユダヤ人としてロシアで生を受ける

レフ・セミョーノヴィチ・ヴィゴツキー（Lev Semyonovich Vygotsky, 1896-1934）は、ベラルーシの首都・ミンスク郊外の小さな町のオルシャで1896年11月17日（当時のロシアで使われていた旧暦では11月5日）、八人兄弟の第二子として生まれている。姉一人、妹四人、弟が二人の家族構成であった。末の弟は結核のため、そしてもう一人の弟も腸チフスで早くに亡くなっている。彼も結核を患って、24歳、そして29歳の時に結核療養所で入院生活を送っている。

ヴィゴツキーは父親の仕事の関係で、1歳の時にウクライナに近いゴメリに移り、この地で少年時代を送り、大学を終えてからはゴメリの教員養成学校の教員として五年間過ごしている。

父親のセミョーン・リヴォーヴィチ・ヴィゴツキー（Semyon L'vovich Vygodsky, 1869-1931）は銀行員としてゴメリの銀行支店長や保険会社の代表を務め、晩年にはモスクワ産業銀行の支店頭取をしている。父親の姓の表記はVygodskyで、ヴィゴツキー自身もVygodskyの表記を使っていたが、24歳以降はVygotskyに変えている。父・セミョーンはゴメリ市のユダヤ人社会のための社会教育活動に熱心で、市の図書館建設では中心的な役割を果たしていた。ベラルーシはユダヤ人が多く住んでいるところで、他の地域もそうだが、反ユダヤの感情が持たれていた。ロシアに住むユダヤ人にとって、1881年にウクライナを中心に起きたユダヤ人の大量虐殺（ポグロム）は忘れられない事件で、1

903年と1905年にもベラルーシでポグロムが起きている。このような情勢の中で、ロシアでどう生きていくかということはユダヤ人にとっては避けがたい問題であり、ヴィゴツキー自身も、この問題を少年の頃から抱えていた。父親のセミョーンは1903年に起きたユダヤ人惨殺の時にはユダヤ人の自己防衛組織に積極的に関わり、ヴィゴツキー少年にとっても身近な出来事であった。

母親のツェツィリヤ・モイセーエヴナ・ヴィゴツカヤ（Cecilia Moiseyevna Vygodskaya, 1874–1935）は教員を志望していたが、子どもの養育に専念した。彼女は知性的で、優しい人柄の人であった。ドイツ語、フランス語も堪能で、文学を好んでいた。このような母親の影響もあってか、ヴィゴツキー自身もドイツ語、フランス語、ラテン語は堪能であった。

2 聡明な少年時代

■教育者・アシピスの影響

ヴィゴツキーは、子ども時代にはギムナジウムに行かず、家庭で個人教育を受けていた。この頃のヴィゴツキーは、聡明で、感受性も高い、知的に早熟な子どもであったようだ。チェスが好きで、かなりの腕前であったと言われている。チェスについては、彼は後年になって、プロのチェス・プレーヤーであるベニャミン・ブルーメンフェルドと対談し、その内容を短くノートに残している（Dubious Moves, Chapter 23, pp.383-389)。切手収集や乗馬も趣味であった。

当時のロシアの教育制度では、小学校と中学校を合わせた八年課程をギムナジウムと呼んでいた。ヴィゴツキーは1911年、15歳の時に最後の二年間だけギムナジウムで過ごし、大学入学資格を得ている。ギムナジウムの第一学年から第六学年にあたる期間は学校に行かずに、家庭教師のソロモン・マルコヴィッチ・アシピス（Ashpiz, S. M.）の下で学んでいる。アシピスは優れた指導者で、ヴィゴツキーの知的成長に欠かせない存在であった。アシピスは大学生の時は数学を専攻し、それ以外の分野でもギムナジウムで学ぶ教科をヴィゴツキーにきちんと教えていた。彼は大学生の時に学生運動で退学処分になり、流刑の罪でシベリア送りになっていた（van der Veer, R., 2007, p.14)。アシピスの指導方法は学ぶ者の主体性を尊重するもので、まさにヴィゴツキー少年の才能を十分に開花させるものだった。

親がヴィゴツキーをギムナジウムに通わせなかったのは、官立のギムナジウムは反ユダヤ的な性格が強い学校であったこと、私立のラトネル・ギムナジウムは教育の質や学校の設備で幾分見劣りするためであった。それでも大学入学資格の条件としてギムナジウムに在籍しなければならなかったので、残りの二年間をラトネル・ギムナジウムで学んでいる。

■ギムナジウムの生活

ヴィゴツキーのギムナジウムの二年間は、好きな文学に傾倒してプーシキン、チュッチェフ、マンデリシュターム、ブローク、そしてドストエフスキーやシェイクスピアの詩、小説、劇作などを熱心に読んでいたという（少年時代からの友人であったセミョーン・ドブキンの回想による。レヴィチン, K., 1983, 邦訳 p.40）。

彼は演劇にも強い関心を寄せていて、実際に友人たちとハムレットを上演している。大学生の時にはハムレットをテーマに卒業論文を書き、大部な『デンマークの王子ハムレットについての悲劇』を書き上げる契機にもなった。

ヴィゴツキーの中学校卒業の成績はラテン語、ドイツ語、フランス語、物理学、数学、宗教学がトップで、金メダルを得ている。そして、家庭では英語、ギリシャ語、ヘブライ語を学習しており、イデッシュ語もかなり良く理解していたようだ。

■ギムナジウムにおける研究サークル

ヴィゴツキーのギムナジウムにおける活動として、自らの出自であるユダヤ人とその民族的な試練、その歴史を自己の運命と重ねながら考察したことがある。仲間と作った「ユダヤ史と歴史哲学の研究サークル」の活動である。彼が二年間過ごしたラトネル・ギムナジウムは、ユダヤ系の生徒が多く通う学校であった。ヴィゴツキーの友人で、一緒に研究サークルに参加していたドブキンは、研究会では「民族が民族を作っているのは何でだろうか」、「歴史に果たしている個人の役割とは何か」といったことが議論されていたと当時を振り返って述べている。彼らが議論していた問題というのは、歴史的に聖書で扱われていたもので、実際、彼らは聖書と歴史書を使っていた。

このサークルで議論したもう一つのテーマはユダヤ人問題で、聖書、特に旧約聖書を手がかりにしてユダヤ人はどのように生きていくかということだった。彼らユダヤ系の青年にとっては、身近な場所のベラルーシで１９０３年と１９０５年の二度にわたって起きたユダヤ人惨殺事件「ポグロム」は、避けて通れないことであった。ヴィゴツキーにとっては、ユダヤ人としてのアイデンティティとユダヤ人の歴史はいつも考えるべき対象であった（van der Veer, 2007, p.16）

3　ロシアで生きるユダヤ人とその歴史的問題

■『伝道（者）の書』、あるいは『コヘレトの言葉』

ヴィゴツキーはギムナジウムの学生時代に、ロシアの地で生きるユダヤ人の歴史とその生き方、運命について旧約聖書の中にある『伝道（者）の書』（以下、『書』）から示唆を受けて、短いエッセイ「生を刻苦することにある悲哀」を書いている。旧約聖書はユダヤ教の聖典で、ユダヤ人のヴィゴツキーにとって大事なものであった。このエッセイは彼が15歳の時に書いたもので、日本の教育制度で言えば高校生の時である。これはギムナジウムの仲間と作った「ユダヤ史と歴史哲学の研究サークル」に提出したものである。

『書』は『コヘレトの言葉』とも表記されているが、書いた時期も、誰が書いたのかも不明である。「エルサレムの王・伝道者《コヘレト》の言葉」とあることから、著者はエルサレムのソロモン王だというのが有力で、紀元前三世紀頃の作とされている。「コヘレト」とはヘブライ語で「集める人」という意味である。

『書』が教えているのは、人は人生の中で苦労と努力の結果として富や生活の豊かさを味わうが、次第にそれらの無意味さ、空しさに気づくということであり、それはまさに人生の現実の中で起きていることであった。ヴィゴツキーもこの『書』をこのように読んだ。『書』は人間の生の現実を哲学的な問題としても語っているところが他の聖書とは異なっており、ヴィゴツキーが人間精神を考えていく時に注目したのもここであった。

ヴィゴツキーは、「生を刻苦することにある悲哀」と題するエッセイで、人間の姿、精神の変化を三つの段階に分けて説明している。このアイデアは、ヴィゴツキーが彼の「ハムレット論」を書いた時にも解釈の参考にしたロシアの文芸研究者のヴィッサリオン・ベリンスキー（Belinskii, V. G.）の考えをもとにしたものである。

彼はエッセイでは概略、次のように述べている。人は最終的にはこの現実の世界にある不条理を超えて、現実に執着するでもなく、また現実逃避をすることもなく、各々の生の分に応じて自分の生を享受していくべきである。だからここで述べているのは単なる「悲劇」でもなく、人生を懐疑的に論じたものでもない。「生を刻苦することにある悲哀」はヴィゴツキーのノート・第1章で確認できる。

コラム

「生を刻苦することにある悲哀（A tragicomedy of strivings）」

（ヴィゴツキーのノート・第1章 pp.1–9）

このノートで彼が書いた要点は、人間の生の中には三つの段階があるというものである。第一の段階は、精神の幼稚さとでも言うべきもので、富と名声、健康、知恵と知識を獲得し、人生を享楽している時期である。ところが、第二段階では、人はこれまで自分が苦労して、骨身を削って築いてきた事業を振り返って、それに何の意味も見出すことができない空しさを感じてしまう。すべてが空である。この第二段階を、ヴィゴツキーは人間精神の中にある「崩壊と不調和」としている。「空の空、全ては空」なのか、それとも「光は快いものである。目に太陽を見ることは楽しい」(『書』11章7)とするのか、この二つの間で引き裂かれてしまう。だが、私たちは生きている限り、この分裂のままでいることはできない。世界は生きていこうとすることを正当化する。私たちもこの世を正当化しなければならない。そして、最後の第三段階で、この現実と自己の生をそのまま受け入れていくこと、そこに精神の調和の実現がある。第二段階で起きている崩壊と調和の時期こそが、人間精神の調和の段階へと進ませる本質的な動きである。これは何も旧約聖書という神の教えを説いたものではなく、人生として起きていること、それをどうわれわれは受け止め、どう生きていくべきか、そのヒントを教えているのがこの『伝道(者)の書』である。

ユダヤ人の精神性やロシアに住むユダヤ人の宿命について、ユダヤ人の歴史という歴史的視点から考えていくというヴィゴツキーの発想は、彼が心理学研究でとった人間精神の歴史・文化的接近とも通じている。彼は、人間を生きている現実の生の中で起きているさまざまな出来事としてみていくこと、そこでは時には人は人生に絶望し、生きている価値を見失いながらもこれを超えようとする、まさに矛盾と否定の先にある成長としてみようとした。これは彼の人間に対する基本的姿勢でもあった。そして、ここから現実の生を営んでいる人間の精神世界の特徴を見出そうとした。

『書』は旧約聖書の一部で、当然神の救いと信仰から得られる救済でなければならないのだが、『書』では、神からの助けではなく、自らの人生を切り拓いていくこと、そこから生の喜びを実現していくことを説いている。ヴィゴツキーはそこに神からの啓示に頼ることなく、自らの生と生き方、宿命を乗り越えていく人間の姿を見出すことができると考えた。そして彼は、このような人間のあるべき姿をドストエフスキーの『カラマーゾフの兄弟』に登場してくる次男・イワンの言動に重ねる。ヴィゴツキーはイワンの言動を通して、神への信仰とそれによる救済とは違う、別の救いの道を探っていこうとした。自分が歩んできたこと、人生でやってきたことに何の価値も見出せなくなった時にも、そこから立ち上がらせるのはこの現実を直視し、それを受容していくことである。

ヴィゴツキーが言うイワンは、神にすがって生きる人生ではなく、自らの人生を自らの手で拓き、まさに「人生の意味より、人生そのものを愛する」ことを目指す人物である。イワンは神の加護を信じている弟のアリョーシャに対して自分の信念をこう語る。

「生きていたいよ、だから俺は論理に反してでも生きているのさ。… 春先の粘っこい若葉や、青い空を、俺は愛してるんだよ、そうなんだ！ この場合、知性も論理もありゃしない。本心から、腹の底から愛しちまうんだな、若い最初の自分の力を愛しちまうんだよ」(第2部・第5編、3「兄弟、近づきになる」、邦訳（上）p.578)。

彼は「生を刻苦することにある悲哀」を書いた15歳の時に、既に人間の人生の機微を悟ってしまっていた。そして、これを彼はハムレットの中に見出し、後日『デンマークの王子ハムレットについての悲劇』へとつなげている。ヴィゴツキーはこの「生を刻苦することにある悲哀」の中で、ユダヤ人作家でヘブライ語作家であるペレッツ・スモレンスキン（Smolenskin, P.）が、「ハムレット」と「ファウスト」は『書』であると述べていると言う。

もう一つ、このエッセイに注目したいのは、ヴィゴツキーが人間精神の中に、いわば「人間精神の弁証法」とでも言うべき、ヘーゲルの言う「テーゼ・アンチテーゼ・ジンテーゼ」の弁証法の過程を見出していることである。ヴィゴツキーはヘーゲルの精神現象学をかなり重視していた。たとえば、『思考と言語』(1934) でも、直接ヘーゲルの名前は出さずに、ウラジーミル・レーニン（Lenin, V. I.）の『哲学ノート』にあるヘーゲル論を参考にして、人間の学習と発達にあるのはヘーゲル的な対立と矛盾を超えていく弁証法的な変化の過程であると指摘している。

4　モスクワにおける学生時代と活動

■「ダブル・スクール」

ヴィゴツキーは1913年、17歳の時、ギムナジウムを首席（金メダル）で卒業し、モスクワ大学の医学部に入学する。当時、ロシアの大学ではユダヤ人の入学者数を厳しく制限しており、モスクワ大学にはユダヤ人は三パーセントの優秀な者だけが入学可能であった。さらに、成績優秀という基準だけでなく、これに加えて抽選による選抜が行われていた。幸運にもヴィゴツキーはこの抽選に当たった。医学部入学は親の希望で、ユダヤ人が職業として選べるものは制限されており、医者になることが最良の仕事の一つであったからである。だが、ヴィゴツキーは、すぐに法学部に転部してしまう。皮肉なことだが、晩年、ヴィゴツキーは障害者の問題に取り組んでいく中で、医学的な知識の必要性を感じ、短い期間だがモスクワ医科大学とハリコフ医科大学の学生として学んでいる。

ヴィゴツキーはモスクワ大学法学部に籍を置き、法学の勉強をしながら同時に、彼が学びたかった文学や哲学への欲求を満たしてくれるもう一つの大学教育機関である、シァニャフスキー人民大学に通っている。これはリベラルな思想を持ち、篤志家であったアルフォンス・シァニャフスキー(Shanyavsky, A. L.)の資金でつくられた大学である。この大学には、モスクワ大学を解雇された多くの有力な教授たちがいた。ヴィゴツキーがモスクワ大学に入学する前に、この大学で自治権をめぐって学生運動が起こり、多くの大学生が追放された。このような大量処分に抗議して教授たちが辞表を出し、このシァニャフスキー人民大学に移ってきた。なお、この大学は現在、国立ロシア人文大学となっている。

ここで、ヴィゴツキーは、文学、哲学、心理学などの知識を吸収し、また以前から持ち続けていた演劇への関心を深め、しばしば観劇している。モスクワ芸術座で行われたゴードン・クレーグ（Craig, E. G.）の演出による「ハムレット」は、ヴィゴツキーが『ハムレット論』をまとめていくうえで大きな影響を与えるものだった。

■シペートとブロンスキー、二人の教員

ヴィゴツキーはこのシァニャフスキー人民大学で、グスタフ・シペート（Shpet, G. G.）から文学、言語学、哲学、心理学などを幅広く学び、さらに心理学と教育学についてパーヴェル・ブロンスキー（Blonsky, P. P.）から教えを受けている。シペートとブロンスキーは共にキエフ大学の出身で、シペートがモスクワ大学に異動してきた時にブロンスキーも一緒にやってきた。ヴィゴツキーはシペートについては多くを語っていないが、ヴィゴツキーの言葉の意味論はシペートの考えに一部、影響を受けている。ヴィゴツキーは、言葉の意味を社会的、公共的な側面である語の語義と、個人的で、独自な意味を担っている語の意味の二つに分けながら、同時に二つは相互連関する形で表れているとした。シペートは「語の語義」という言語体系にあるものを自己の中に取り込むことで自分の言葉、「内的言語形式」としていくとした。ヴィゴツキーの、個人が言語体系として外部にあるものを内化するこ

とによって自分の言葉を獲得していくとしたアイデアは、シペートの考えを下敷きにしている。もちろん、ヴィゴツキーの場合は、シペートと違って、個人の意味再編で語の意味を形成していく部分を重視していた。

ヴィゴツキーはブロンスキーからも多くを学んでいる。特に人間発達と教育については、ブロンスキーが与えた影響として、教育の問題を考える時に教授の作用だけでなく、学習者の学習過程を重視するいわゆる「児童学」の発想がある。これは後には、教育の効果を軽視する発想としてソビエト教育学の下で弾圧を受けることになる。ヴィゴツキーの『教育心理学講義』(1926)では、何度もブロンスキーの心理学と教育学について言及されている。ヴィゴツキーとブロンスキーは、モスクワ大学の実験心理学研究所では、共に研究員として数年間一緒に過ごしている。

5 『ハムレット論』

■卒業論文の「ハムレット論」

ヴィゴツキーは、「デンマークの王子ハムレットについての悲劇」(1916) をシァニャフスキー人民大学の卒業論文として書いている。彼はこの論文を1915年の夏休み中に故郷のゴメリで一度書き上げ、さらに推敲を重ねて翌年の1916年に最終版として提出している。彼が「ハムレット」に取り組んだのには、ギムナジウム時代に演劇サークルの仲間と一緒にこの作品の公演をしていることがある。同じ頃、彼はロシアに住むユダヤ人の苦難の歴史をハムレットの宿命や悲劇と重ね合わせている。人間はさまざまな困難を抱え、それを乗り越えていこうとするがうまく事が運ばない。だが、結局はそこから一つの教訓を学んでいく。ヴィゴツキーは、「ハムレット」を通して、人はどう生きていくべきかという人間にとって本質にあるものを考えようとした。

彼は、この論文を提出した後、故郷のゴメリで中学校や師範学校の教師を始めている。元来、病弱であった彼は、この時期、結核のためにサナトリウムで療養したこともあって、自分の余命も長くはないと悲観し、自分が書いた論文を形にして残しておくことができないかと考えた。彼はシァニャフスキー人民大学時代に指導を受けた文芸評論家のユーリー・アイヘンヴァリド (Aikhenwald, Y.) に出版の相談をしている。幸い病状も回復して、遺稿としての出版の話はなくなり、論文もそのままになった（Veresov, 1999, p.58）。

「デンマークの王子ハムレットについての悲劇」は、その後、彼の『芸術心理学』（1925）の中に収められたが、この『芸術心理学』自体も長い間原稿のままになっていて、出版されたのは１９６５年のことである。この出版を契機にして、元の「デンマークの王子ハムレットについての悲劇」そのものも単独で出版され、今日、邦訳でも読むことができる（峯俊夫・訳『ハムレット――その言葉と沈黙』）。この論文は、全部で10章からなる大きなものである。しかも彼は、ハムレットの生き方をロシアの文豪・ドストエフスキーの作品の『罪と罰』、『白痴』、そして『カラマーゾフの兄弟』に描かれている人間の魂の深層にあるものと重ねて論じており、単なる文芸評論ではなく、人間精神の本質問題に踏み込む内容になっている。『芸術心理学』の第8章にある「デンマークの王子、ハムレットの悲劇」はその要約版で、内容はかなり異なっている。

■「二重の世界」、ハムレットの精神世界

ヴィゴツキーは「デンマークの王子ハムレットについての悲劇」で何をわれわれに伝えようとしたのだろうか。彼が言いたかったことは一貫している。序説と第1章、そして最後の第10章で繰り返し彼が述べているのは、人間の存在として本源的にあるのは孤独であり、人間精神の中にある闇の存在、言葉にならない沈黙である。そしてここから、人間にとっては不可避な悲劇が起きるということである。

そして、ヴィゴツキーが問題にしたのは、ハムレットの精神世界の中にある二つの世界と二つの生

であった。人間精神、魂の中にある明るい昼と暗い夜、見える世界と見えない闇の世界という二重の世界、論理では割り切れず常識では推し量ることができないもう一つの世界が事を支配している。これがリアルな世界であること、彼はそれを知ったということである。このどうしようもない世界、そこに生きていることの悲劇、これが、ヴィゴツキーが「ハムレット」から読んだことである。だから、ヴィゴツキーはハムレットの世界とロシアの詩人のフョードル・チュッチェフ（Tyutchev, F. I.）の作品『おお預言的なわが魂よ…』の中にある一節「かくてお前は二つの世界に住む者、お前の昼は病みつかれ、熱につかれ、お前の夢は予言的で漠として魂の啓示のようだ…」とを重ねている。

ヴィゴツキーがハムレットの精神世界とチュッチェフの詩を重ねながら論じたのは、チュッチェフが自己意識とその自己の内面にある感情、私の変化を詩作の中心に据えているからである。ヴィゴツキーはハムレットを論じながら、同時にロシア人としての自己意識の問題を論じたチュッチェフ、そしてドストエフスキーの作品から、人間の内面世界の問題に迫っていった。

チュッチェフはヴィゴツキーよりもはるか前の1803年生まれで、1873年にはこの世を去っているので、時代的にはヴィゴツキーと重なるところはない。チュッチェフは外交官として長くドイツに滞在し、ドイツの哲学や文学の影響を受けていた人物である。彼の詩の特徴は哲学的、内省的叙情を表現するもので、後のロシア・シンボリズムの先駆となり、思想的影響も与えていると言われている。ヴィゴツキー自身も『芸術心理学』では、ロシア・シンボリズムに対して肯定的な姿勢をとっている。ハムレット論は単なる戯曲の作品分析というだけのものではなく、ヴィゴツキーのその後の一連の人間精神の本質をめぐる研究へとつながっていくものである。「デンマークの王子ハムレットについての悲劇」は、このように位置づけられるだろう。なお、ヴィゴツキーの「ハムレット論」についいては、佐藤公治（2015）でもふれている。

II　ヴィゴツキー初期の活動、学校教育と障害児教育への関わり

ヴィゴツキーが教員養成大学での教育経験をもとにまとめた『教育心理学講義』は教育を学習者の視点から論じていくという姿勢で書かれている。それは彼の教育・学習論に一貫してみられるものである。

ヴィゴツキーが初期から晩年まで熱心に取り組んだものに障害児の発達と教育論がある。彼の障害児教育論は当時の障害児教育の実践に大きな影響を与える斬新なものであった。

1　ゴメリにおける教育活動と教育心理学

ヴィゴツキーはモスクワ大学を卒業した1917年から、希望していた教員になるために故郷に戻り、ユダヤ人居住区のゴメリで教員生活を送っている。同時に彼は、地域のさまざまな文化活動を積極的に行っている。地元の演劇のために演劇集団を招聘したり、ゴメリの地方紙に演劇批評を定期的に書いたりしている。あるいは友人たちと出版社を作り、本の刊行や文学雑誌の創刊と編集も行っている。このように地元の文化活動も活発に行っているが、後の彼の研究ともつながっているのが、中等学校の教員とゴメリ教員養成大学の教員としての活動である。彼はここで、教員志望の学生に論理学や心理学を教えながら学校の附属施設に心理学実験室を設置し、心理学の実験・調査を行っている。

■『教育心理学講義』

ヴィゴツキーは1924年2月に心理学研究所（正式には、モスクワ大学附属実験心理学研究所）に移って、本格的な心理学研究を始めるが、それと並行しながらゴメリの教員養成大学での活動と経験をもとにした『教育心理学講義』(1926）をまとめている。全部で19の章から成っているが、邦訳の『教育心理学講義』では、この中の12の章が訳出されている。この邦訳書で削除された二つの章、第14章「練習と疲労」、第17章「才能の問題と教育の個人的目的」は、柴田と宮坂の『ヴィゴツキー心理学論集』（2008）にある。

この著書には教育活動を絶えず学習者の視点から論じるというヴィゴツキーの基本的な姿勢が表れていて、彼がその後も終始持ち続けた、学ぶ活動と教える活動とは相補的な関係であるという考えをこの時期から持っていたことがわかる。

■教育心理学の性格

ヴィゴツキーは『教育心理学講義』の第1章「教育学と心理学」では、心理学が学校教育の現場とどのように関わるべきか、そのあるべき姿を論じている。彼は心理学の学問的成果を学校の教育実践に安易に利用するべきではないと言う。彼が学校の教師として教壇に立っていた時も、当時のロシアの教育心理学は、心理学の成果を生かした応用の学問が主流であった。ヴィゴツキーは、ドイツの心理学のヒューゴ・ミュンスターバーグ（Münsterberg, H.）の発言に言及しながら、教育心理学をより確かな学問にしていくために一般心理学の既成の資料を単に借りることは無益なことで、教育心理学は心理学の応用の学問とすべきでないと批判する。学校現場で実践的な課題に取り組んでいる現場教師が持っている独自の課題は、学校現場の経験がない心理学者には解決できないということである。

ヴィゴツキーのように、中学校の現場で生徒を実際に指導した経験を持っている者にとっては、実践現場では独自の問題や解決のための課題があって、安易に一般心理学の成果にその解決を求めてはいけないことは明らかだったからである。学校現場に身を置いた人間だから言える発言である。

2　学習者の主体的活動の重視

■主体的な学習活動

ヴィゴツキーが教授・学習の過程で強調するのは、最終的には教育的活動は学習者の主体的な理解によって実現されるということである。この考えは、その後の多くの著書で一貫してみられる。第2章「教育の生物学的要因と社会的要因」では、教育の働きを実現させているのは学習者の自己教育であると言う。この章のタイトルの「生物学的要因」は学習者の生得的な要因ではなくて、個人の経験の役割のことである。つまり、「生徒の個人的な経験は教育活動の主要な基盤である」（邦訳 p.25）。生徒の個人的経験を軽んじて、生徒が教えられた通りに受け身的に学ぶような発想をとることは最大の間違いだと言う。

「教育過程の基礎には、生徒自身の活動が置かれねばなりません。あらゆる教育技術は、この活動を方向づけ、調整することだけに向けられるものでなければなりません。教育過程では教師はレールであって、運動の方向だけが決められており、その上を車両が自由に自主的に動くことのできるようなものでなければなりません」（邦訳 p.26）。

もちろん、彼は生徒の自主的な活動に任せてしまえばよいなどとは考えなかった。教師の役割として、学習者の活動を支える環境を組織することが大切で、教師は教育的環境と生徒との相互関係を調整し、管理する役割を果たし、社会環境を通して生徒に間接的な影響を与えるのである。

■学習と教授の相互連関

第3章「教育の対象、メカニズム、手段としての本能」でも、子どもが基本的な活動として周りにあるものに関心を向け、積極的に活動を展開していくこと、そこから満足を得ていくように教師は方向づけていくべきだとする。彼の「本能」という言葉は、環境への適応を促す主体の活動といった意味である。

そして、第4章の「情動的行動の教育」でも、情動の問題を教育と関連づけながら、生徒に感動を与えるような内容や、新しいことを知ろうとする知識欲を促すことの大切さを強調する。活気のない、無感動な教科教育法ではなく、論理的な図式の枠を抜け出て生徒の中に興味と関心が沸き起こるような感情の教科、教授でなければならない。

彼が学習と教授の二つをいつもワンセットで論じようとする発想は、彼の有名な「発達の最近接領域論」の先駆けになっている。この時期、「発達の最近接領域」という概念はまだ出ていないが、『教育心理学講義』で語られた基本的なアイデアが、その後の研究で洗練されたものになっていく。

3　学習の目的について

■文化的・歴史的な高次精神活動としての学習

ヴィゴツキーは『教育心理学講義』の複数の章（第5章「注意の心理学と教育学」、第6章「記憶と想像」、第7章「行動の特別に複雑な形態としての思考」）では、教育活動の中で学習者の認識活動として何を目指すべきか、その本質を問い続ける。学習者の学びで大切なのは、教材の内容のどこに注意を向けていくかということ（第5章）であり、与えられたものをすべてやみくもに憶えるのではなく、忘れることも時には必要だと言う（第6章）。「私たちは何かを記銘するたびに、それをどのように利用するのかを自覚していなければならない」（「第6章」邦訳 p.124）のであって、学習を考える時、私たちが能動的に利用しない限り、記憶したものは無用の長物になることが多い。

これら複数の章では、教育活動の中で学習者の認識内容をどう形成していくか、そこに指導者が意を注ぐことの大切さを説いている。そして、学習の基本的な内容と目標は文化的、歴史的な存在であり、高次精神活動であると位置づけている。ここでの議論は、後の『文化的・歴史的精神発達の理論』（1930-31）へとつながっている。

■実践的な学習活動

ヴィゴツキーは、学習の目標として具体的な文化的実践を対象にすることが大切であると言う。それが第8章の「労働教育の心理学」である。彼がゴメリで教育活動を行っていた当時、革命後のソビエト・ロシアの学校教育では、実際の労働活動を通して生徒の技術や知識の習得を目指す考えが広まっていた。これはレーニンの妻で教育学者のナデジダ・クループスカヤ（Krupskaya, N. K.）らが中心になって提唱・推進していた。その後、ブロンスキーもこの運動に加わり、彼の『労働学校』(1919)では、労働教育の中心を労働のための用具と方法、技術の習得に置いた。それは人間が自然に働きかけることで自然を支配し、我が物にしていくというソビエト教育学の基本的姿勢を具体化するものであった

ヴィゴツキーがゴメリで活動していた1924年までの時期は、まさに労働教育が大きな動きとなっていた。ヴィゴツキーは学生時代に指導を受けたブロンスキーの『労働学校』を読んでいたし、第8章の「労働教育の心理学」でもブロンスキーの考えに言及し、引用もしている。ただ、学校教育における労働教育は労働で求められる個別的な知識や技能に限定するのではなく、総合的な知識や技術とすべきだという批判が出て、「総合技術教育（ポリテフニズム）」へ変わっていった経緯がある。

ヴィゴツキーもこのような労働教育の考え方の変化の中で、第8章では、労働学校が現在行われている労働形態を前提に生徒を養成するだけでは、創造的な教育はできないと否定的な考えを述べている。彼は、あらゆる知識は実践上の要求や必要性から生まれてくることを前提にしながらも、あくまでも学習者自身の発達と成長を実現していくことを学校教育の目標とすべきだとした。

4　文化的創造を可能にする学習

■練習の意味・再考

ヴィゴツキーは練習を機械的な反復学習とするのではなく、練習によって自らの行為を最善なものにしていくべきだと言う（『ヴィゴツキー心理学論集』の第8章「練習と疲労」の章に収められている）。教育では、練習を通してよりよい決定を可能にするものを自己が獲得していくことを目指すべきである。だから、練習を通して、自分が決定したことと情動的志向を満足させるような行動をとることが重要であり、それを可能にするのが習慣である。「自分の生徒にあまりにたくさんの説教をしたり、あまりに多くの抽象的な性格の事柄を聞かせてはならない」（邦訳 p.184）のであって、生徒が自分の意志で行動することが大切である。

実は、ヴィゴツキーが練習について述べていることは、ウイリアム・ジェイムズ（James, W.）が心理学を学んでいる学生と教師に向けて語った『心理学について――教師と学生に語る』（1899）の第8章「習慣の法則」を参考にしている。ヴィゴツキーは『教育心理学講義』を書くうえでジェイムズを重視していた。この当時は、ソーンダイクのような機械的な反復を重視して動物の学習と人間の学習を区別しないような学習理論が幅を利かしていたが、ヴィゴツキーはジェイムズの思想に魅力を感じていた。

■人間形成に果たす教育の役割

『教育心理学講義』の残りの複数の章を、教育の基本的な働きは人間発達の実現にあるという視点から読んでみよう。第9章の「子どもの年齢的発達と社会的行動」では、子どもの発達は決して予定調和的に起きているのではなくて、社会的環境やその変化との相即的な関係として子どもの成長があること、そこに寄与しているのが教育であることを述べている。ヴィゴツキーは発達についての基本的な枠組みを、この時期から既に明確に持っていた。たとえば、彼は「子どもはでき上がった存在ではなく、発達してゆく主体です」(邦訳 p.206) と述べているが、これと同じ指摘は、後の『思考と言語』でも、「変わることのない永遠の子ども」ではなく、社会・文化やその歴史的なものに影響を受けて変わっていく子ども、「歴史的な子ども」としてみていくべきだと述べている (邦訳 p.96)。

ヴィゴツキーが子どもの発達とその可能性を教育の問題として論じていく時、前提にあるのは、人間による社会の変革可能性の議論である。ヴィゴツキーはマルクスの言う生産諸関係の総体が社会の経済的構造を形成し、それを基盤にして人間の社会的意識形態があることを議論の前提にしながらも、同時に人間の社会意識の変革から社会的諸関係も変えていくことができるという、いわば変革の可能性を追究しようとする。そこに人間精神の生成と変化に果たす広い意味での教育の働きがある。

ヴィゴツキーの『教育心理学講義』をみると、ここで議論されていることが後の複数の著書で取り上げられるテーマになっていることがわかる。そして、彼が一貫して唱えた主体の側を重視した発達と学習論の基本的な姿勢がはっきりと表れている。

5 障害児発達・教育論

ヴィゴツキーが心理学研究所ですぐに取り組んだのが、障害児の心理と教育である。彼は研究所の研究員と政府の教育人民委員部の欠陥児・発達遅滞児教育の主任の仕事も兼ねながら、障害児教育に積極的に関わっている。そして、彼の障害児の発達と教育への関わりは生涯の最後まで続いた。彼は晩年、モスクワの実験医学研究所の精神神経学クリニックでは、ドイツでクルト・レヴィン（Lewin, K.）の下で研鑽を積んでモスクワに戻ってきたブリューマ・ゼイガルニク（Zeigarnik, B.）と一緒に高次精神機能の障害研究に取り組んでいる。彼の障害児教育に関する論文は多数に上っており、英文のヴィゴツキー論集（*The Collected Works of L. S. Vygotsky*）の第2巻・*The Fundamentals of Defectology*（1993）には19の論文が収められている。

ロシア語版からの邦訳である『ヴィゴツキー障害児発達・教育論集』（2006）には九つの論文が収められ、残りの四つの論文は『ヴィゴツキー心理学論集』（2008）に訳出されている。視覚障害児とろうあ児の教育についての章は、日本語には訳されていない。

彼が取り組み始めた当時のロシアの障害児（者）研究では、「欠陥学（defectology）」という用語が使われていた。それはまさに「足りない、欠けている」といった意味合いを持つもので、一時、そのような障害観が背景にあった。だが、ヴィゴツキーは障害児（者）を健常児（者）と比べて欠けているという発想を止めることを提案する。彼の実践への関わりや研究によって、それまでの「欠陥学」の考えは大きく変わることになった。彼はロシアにおける障害児（者）の研究と実践をリードしていった。

彼は障害児心理・障害児教育について、健常児・者と比較して障害児（者）の特徴を論ずることをしないで、障害児（者）は独自の発達の経路を辿っていると考えた。そこには、彼らの発達の特徴に目を向けながら適切な教育的支援を考えていくという、今日では当たり前になっている発想があった。

ヴィゴツキーが障害児の問題に特に熱心に取り組んだのは、盲ろうあ児という重複障害児である。このようなヴィゴツキーの活動から、彼にロンドンで開催された「第八回ろうあ児教育に関する国際大会」への参加要請があり、1925年にこの大会で報告を行い、またヨーロッパ各地の障害児教育の現場を視察している。彼にとっては結核の病を抱えていたこともあり、ロシア国外に出たのはこれが最初で最後であった。『ヴィゴツキーのノート』第6章「ロンドン旅行記」では、およそ二週間のヨーロッパ各地の滞在の様子が書かれている（pp.57-70）。このノートから彼の滞在内容をみていくと、7月中旬から下旬にかけてモスクワからベルリンに陸路で移動し、ベルリンには数日間滞在している。その後、7月18日にオランダから船でロンドンに渡っている。ロンドンの国際会議は7月20日から24日まで開催されたが、ここでヴィゴツキーはロシアにおけるろうあ児教育の現状についての報告をしている。三日目には、イギリスのろうあ児たちによるオペラ公演を鑑賞している。学会終了後も彼はしばらくロンドンに滞在し、8月4日にモスクワに戻っている。

■障害児（者）の発達の独自性

障害児（者）に対する見方として、健常児（者）と比較して彼らに欠けているもの、発達が遅れているところに目を向けてしまいがちで、今日でもこのような発想をすることがある。ヴィゴツキーはこのようには障害を捉えなかった。邦訳の第1章「現代障害学の基本問題」（1929）では、障害児（者）を量的な違いではなく、質的な視点からみていこうとした。障害児と健常児とを数量的な差、たとえば知能指数で表されるような量的な差として扱ってしまうと、障害児（者）の内容、質を何も語らないことになる。彼は障害児（者）と健常児（者）とは別の発達のコースを辿っており、発達の内容が質的に違っていると考えた。「障害により発達が複雑になった子どもは、同年齢の健常児より、たんにより少ししか発達しないのではなく、異なる発達の仕方をする」（邦訳 p.12）。このようなことから、彼らに合った活動を支援するために必要なものは何かを探していこうとした。

ヴィゴツキーは量的判定で障害を捉えるべきではないという指摘を「困難をかかえた子どもの発達とその研究（テーゼ）」（1928. 邦訳・第10章）でも繰り返し述べ、知的障害を念頭に置きながら、彼らの障害を数量的に判定するのではなく、質的テストに基づきながら研究していくべきであると言う。

■障害の「二面性」

彼は、障害が持っている「二面的役割」を指摘する。つまり、障害を持っている場合、それを補う形で別の能力が発達していくということである。これをヴィゴツキーは「補償の法則」と称しているが、彼が注目したのは、ドイツの心理学者のウイリアム・シュテルン（Stern, W.）の二面的役割の考えである。この二面的役割の考えは、シュテルンの『差異心理学の方法論的基礎（*Die differentielle Psychologie in ihren methodischen Grundlagen*）』（1921）にあるもので、ヴィゴツキーはこの著書を読んで、参考にしていた。ヴィゴツキーは、障害児がみせる発達変化には二つの側面、つまりマイナス面の発達の遅滞がある一方で、障害という困難を補ってプラスに向かって進んでいくもう一つの側面があるとした。障害児が持っている欠陥にこだわることなく、彼らの発達と行動にある「補償の過程、代償、上乗せ、均衡化の過程」（邦訳 p.14）を考慮するということである。ヴィゴツキーはこの障害の二面的役割を次のように述べている。「ある能力の低さが、完全にあるいは部分的に別の能力のより強力な発達によって埋め合わされる。……人格の有機的統一のおかげで、別の能力がその課題の遂行を受けもつ」（邦訳 p.15）。つまり、「補償」というものがそこから生まれてくるのである。

ヴィゴツキーが注目したもう一人の研究者のアルフレッド・アドラー（Adler, A.）は、「過剰補償（overcompensation）」、つまり補償のためにかえって普通以上の能力が発揮されてくるという考えを出している。この「過剰補償」という言葉は「補償」と同じ意味である。ヴィゴツキーによれば、アドラーは1927年の『個人心理学の実践と理論（*Praxis und Theorie der Individual-psychologie*）』で、「過剰補償」について次のように述べている。「身体的な機能障害と自分がやりたいことの間にあるギャップ、つまりそれを補いたいという心理的欲求は普遍的なものであって、それは十分に出来ないという主観的感情を通して身体的にハンディがあることが補償と過剰補償の心的欲求へと弁証法的に変えていくという基本的な法則に基づいている」（邦訳 p.57）。

ヴィゴツキーが障害の問題を論じている中でシュテルンやアドラーの補償の考えに言及するのは、

障害児の能力を固定的に捉えるのではなく、障害児の発達もそこに複雑な過程があることを指摘したいためである。障害を克服していこうとする精神的上部構造が生まれることを、補償という考えから導き出せると考えた。もちろん、彼は、誰にもどんな場合でも補償の作用が生まれるのではなく、アドラーのように補償の普遍的な法則があるかのように考えることは間違いだと言うことも忘れなかった。

■障害児（者）への支援のあり方

ヴィゴツキーは、シュテルンやアドラーの思想は障害とそれを克服していくことに楽観的で、彼らは障害児が障害を越えてそれを補償していくための社会的・心理学的な条件を明らかにしていないと批判する（邦訳 p.205）。障害児が健常児とは違った道のり、違った方法で障害を乗り越え、健常者と違わない能力を獲得する可能性はたしかにあるだろう。だが、ここで大事なことは、教育者にとって障害を持った子どもを導く独自の道を知ることである。そして彼は、補償として働くものには二つの要因があって、一つは、児童の障害の範囲、行動としてどこまでズレがみられるかの程度と、教育の目標となっている社会的要求であり、もう一つは補償となりえるものがどれだけあるか、その機能としてどのようなものがあるかということである（英語版 p.62）。

ヴィゴツキーは「補償」の考え方を一定程度肯定的に評価しながらも、それを簡単に障害児（者）の改善の方法とはしなかった。「補償」についても、「現実的補償」と区別される「虚構的補償」があることを「困難をかかえた子ども」（1928）の論文で指摘する。彼は、障害を持った子どもが現実の中で自分に不十分なものがあり、できないことの困難さを逃げることなく感じ、そこから別な方法を習得していこうとする「現実的補償」があると言う。そして、彼はこれだけが「補償」の形式ではないと警告する。障害を持っているがために時には社会的環境の中で警戒心や他人への不信の念を持ってしまい、他の人たちとの正常な関係を拒むことがある。それが「虚構的補償」である。問題は、いかにして社会的関係の中で正しい「補償」の動きへと向かうように、周りが準備していくかということである。それは、広い意味での教育の問題であり、役割である。

6 障害児教育として目指すべきこと

■閉鎖的な活動空間からの解放

ヴィゴツキーが障害児教育の基本的な方向を述べているのが、「障害児の心理学と教育学」(1924)、そして「障害児教育の原理」(1924) である。特に後者は、「第二回未成年者の社会的権利保障に関する大会」の報告をまとめたもので、当時のロシアの障害児教育の考え方を批判したものである。つまり、多くの特殊学級ではそれぞれ盲、ろうあ、知的障害の子どもたちを小さな閉鎖的なところで、別々に扱い、障害に合わせた対処の仕方しかしていなかった。たとえば、ろうあ児の言葉の指導では、彼らを閉鎖的な状況下に置いてしまい、言葉に対する要求を必要とする場面を作ることをしてこなかった。そのために、彼らの言葉は初歩的な状態に留まっていた。彼は、良く構成された話し言葉の教育があるのに、それを使うことをしなかったと批判する。

ヴィゴツキーは障害児を閉鎖的な空間に閉じ込めるのではなく、生活する中で生じる葛藤から障害児への教育の問題を考えていくべきだと言う。子どもが生活するようになる時、子どもの社会的行動には多大な混乱が生まれてくる。彼はこのことを「社会的脱臼」と呼んでいたが、この改善が教育の仕事なのである。彼が盲児のための教育を念頭に置いた言葉である。「教育の課題は、盲児を生活に導き、彼の身体的障害の補償をつくりだすことにある。課題は、生活との社会的結合の他のなんらかの方法によって調整することである」（邦訳 p.87）。要は、障害児が現実の困難な問題に向き合う中で生じてくることに意を注いで、教育として何が必要かを検討するということである。

このような考えから、ヴィゴツキーは障害児教育の新しい道を、障害児を積極的に実際の商業活動や労働の現場で経験させることを重視する、いわゆる社会的教育として考えることを提案するが、この考えは「障害児の心理学と教育学」でも繰り返し述べられている。この論文では、社会的な場面の中で障害を克服していく「社会的補償」を支えることを教育の課題としている。

■知的障害児の特徴と支援のあり方

ヴィゴツキーが取り組んだ、知的障害児の発達と教育についてみていこう。第5章の「知的障害の問題」（1934）では、これまでは知的障害児について、低い知能水準と意志の不足のどちらかに帰因させて説明してきたと言う。そして障害児は知能水準も、意志の面でも低い水準に留まっており、それらは変わることがないとされ、両者の間にはどのような関連があるかを考える発想がなかった。だが、ヴィゴツキーは、知的状態と情動・意志とは互いに機能的に連関して作用し合っており、そこでは変動が起きていると言う。子どもたちの活動の目的とその意味を変えることで、活動に取り組む情動や意志の持ち方が変わってくることをみている。このように知的障害児と健常児の違いを調べることで、知的障害の子どもの本質的な特徴とその対処の仕方を探っていこうとしたのである。以下の実験的研究は、レヴィンの実験を参考にしたものである。ヴィゴツキーは知的障害児と健常児の子どもに顔の絵を繰り返し描かせて作業に飽きがくるようにして、「もうやりたくない」という気持ちを起こさせてみた。この情動反応を変えて再び顔の絵を描くようにさせるために、活動の目的と意味、つまりこの課題の受け止め方を変更してみた。つまり、課題に対する思考を変えるような教示を与えたのである。「他の子どもにこの活動の仕方を教えるために、もう少し続けてください」と頼むと、健常児の方は再び活動に取り組み出した。だが、知的障害児にはこの教示では再び取り組もうという気持ちの変化は起きなかった。知的障害児の情動変化は思考を変えさせるだけでは不十分で、物理的に活動状況を変えてみる必要があったのである。つまり、絵を描くための色鉛筆の種類を変えたり、水彩絵の具にしたり、チョークと黒板を使うといった具体的な道具による活動の変化が必要であった。知的障害児は活動が具体的状況に直接束縛されており、課題の捉え方という思考レベルの変化では行動を変えることにはならなかった。だが、状況を物理的に変えてやると、行動の変化を起こすようになったのである。

この研究は、情動や意志のレベルと思考とは切り離せないことを示している。知的障害児の場合は思考だけでは課題への意欲を変えることはできないが、彼らの活動を促すような情動的動機の与え方を工夫することで変わることを明らかにした。この論文は、ヴィゴツキーが亡くなる直前に書かれたものである。彼は後半生の時期からは、情動でも特に意志という上位の情動が知性や思考に作用していることを、スピノザ（Spinoza, B. de）の情動論をもとに論じていた（『情動の理論』）。この論文はまさに、彼の情動論の視点から論じたもので、知的障害児の研究から情動の問題へと関心を広げていった。

第6章の「知的障害児の発達と補償の問題」(1931)は、知的障害児の発達と教育のあり方について彼の発達論をもとに論じたものである。つまり、発達は社会的活動を通して可能になり、次には自己の発達を変える契機へとなっていき、高次精神機能は精神間から精神内への移行であるとする彼の発達についての基本テーゼが述べられている。知的障害児の場合は、集団の活動の中で自分が他の子どもよりできないことが多いことを知ることで、自分の今の状態や障害を自覚する機会になってくる。そこから、主体的に障害を克服していこうという目標が知的障害児の中に生まれ、発達の補償過程が発生してくるのである。ヴィゴツキーは、障害児が自分の障害を越えようとする意欲に「補償」があることを指摘しているが、この「補償」は個人の力だけで生まれるのではなく、集団の活動の中での経験によって自覚され、自己の目標としていくようになる。ここでは精神間から精神内への移行、そして内化によって自分のものにしていくという彼の発達についての考えを、知的障害児の発達にも当てはめている。

ヴィゴツキーは、これまでは知的障害児について、発達の過程という視点をとることがなかったと批判する。それは彼らを診断する時にも、あるいは実践の現場でも彼らの能力水準を固定的にみてしまい、彼らの中にある発達過程を十分に考慮してこなかったからである。さらに、知的障害児自身も自分の機能障害の発達的側面について自覚していないし、自分の状態を固定しているものとみなしてしまうことがあった。だが、そうではなくて、知的障害児も集団の中で他の仲間との関係の中で自分の障害に目を向け、「補償」していこうとするきっかけが生まれてくる。ヴィゴツキーは、知的障害児の教育にとって大切なのは、子どもがどのように発達するのかを知ることだと言う。そして、自らが自分の足りないところを「補償」していく自己生成の活動を教育の中に位置づけていこうとした。

■二次的障害

ヴィゴツキーは、障害を一次的原因、つまり彼らが個人的なものとして持ってしまったために引き起こされることと、これに対して障害児（者）の質的特徴をきちんと押さえず、適切な支援を用意しなかったために生じる二次的障害とがあるとした。そして、第二の障害に敏感になるべきで、障害児（者）に対する教育支援や対応を適切に行わなかったために生じてしまう二次的、社会的な障害が起きることは、何としても避けるべきだと考えた。このように彼はこの二つを区別しながら、二次的障害にならない教育支援をする必要性を強調する。ヴィゴツキーはこの二次的障害のために発達が遅れる、いわば社会的な発達不全によって障害が二次的に複雑化してしまうことがあるが、この部分にこそ対策をとるべきだと言う。

ヴィゴツキーの初期の研究に属する障害児発達・教育論には、既に彼の理論的な出発点が込められていることがわかる。文化的発達論や精神間から精神内への移行のアイデア、そして「発達の最近接領域論」の考えの始まりである。彼は障害児（者）の心理や支援のあり方を通して、人間発達の基本にあるものを考えていた。

今日、障害に対する特別支援について共通認識が共有されるようになってきたし、障害児（者）を質的特徴としてみること、健常児（者）とは別の発達のコースを辿っていると考えることも広まっているが、改めて健常児（者）を基準にしないで障害児（者）を理解していくことの大切さを感じる。

7　ヴィゴツキーの障害児(者)研究の継承

ヴィゴツキーは研究の初期から晩年まで変わることなく障害児の心理とその教育の問題に取り組み、理論と実践の両面から積極的に発言を続けていた。彼は亡くなる数年前から、モスクワの実験医学研究所の精神神経学クリニックで、成人の精神機能障害の病態研究を行っている。また、彼は失語症、統合失調症、アルツハイマー症、パーキンソン病、ピック病といった多様な精神症状の患者の特有の感情と知性の問題について、臨床心理学的研究を行っている（van der Veer & Valsiner, 1991a, p.75）。

今日、ヴィゴツキーの障害児の心理と教育についての思想を継承・発展する形で、イギリスと北欧を中心にした研究をハリー・ダニエルズ（Daniels, H.）とマリアン・ヒーゼゴー（Hedegaad, M.）がまとめたものがあり、ヴィゴツキー派の障害児心理・教育論の動向を知ることができる（*Vygotsky and special needs education*, 2011）。さらに、ロシアで行われている障害児教育の実践を紹介している著書がある（パシロワ，2015; ザクレーピナ，2019. いずれも広瀬訳）。

III 『芸術心理学』にみる文芸論と言語論

ヴィゴツキーが心理学研究所に赴任してはじめに取り組んだのが『芸術心理学』の完成で、これは彼の学位論文となった。彼はここで文芸研究として作品の内容と個人の美的反応とは弁証法的関係になっていることを言う。

彼は『芸術心理学』の完成後、そこで書き残してしまったものをノートにまとめ、さらに短い論文を書いている。

1　ヴィゴツキー『芸術心理学』の執筆

ヴィゴツキーは、1924年2月からモスクワ大学の附属実験心理学研究所で本格的な研究を始める。彼はアレクサンドル・ルリヤ（Luria, A. R.）、アレクセイ・レオンチェフ（Leont'ev, A. N.）との三人によるいわゆる「トロイカ体制」で、研究所における新しい心理学の構築に向けた理論的研究を開始し、「心理学の危機の歴史的意味」の執筆を1926年頃から始めている。もっとも、これが日の目を見る形で出版されたのは1982年である。この論文の執筆に取り組む前に、彼はもう一つの仕事を抱えていた。学位論文となる『芸術心理学』の原稿の執筆である。これは学生時代に取り組んだ「ハムレット論」に、当時の文芸研究の主流であったロシア・フォルマリズムについての評論などを加えたもので、1925年には作業を終えて学位論文として受理され、出版の計画も進んでいた。

ところが、ヴィゴツキーは、心理学研究所に赴任してから二年も経たない1925年11月に結核が悪化して半年間、「ザハリイノ」療養所での療養生活を送ることになった。病気はかなり重症で、同僚のルリヤによると、担当医からは残り三、四か月の命だろうと言われていた（Zavershneva, 2012, p.19）。彼は死期を悟ったかのように猛烈な勢いで自分の仕事を残していこうとした。それが『芸術心理学』の出版に向けての完成作業と「心理学の危機の歴史的意味」の執筆であった。幸い、病気は快方に向かい、彼は半年後の翌年退院をしている。そして、『芸術心理学』（1925）はまとめられた。

だが、これは出版されないままで、最終的に本が出版されたのは1968年である。

療養所での半年間の療養生活で取り組んでいたことを書いたのがヴィゴツキーのノートの第7章「ザハリイノ療養所から（From the Zakharino Hospital, pp.71-106）」である。このノートには『芸術心理学』の完成とその後の追加原稿、そして「心理学の危機の歴史的意味」の構想とその準備に向けてのメモが書かれている。こちらのノートの内容については、この章の後半でみていき、「心理学の危機の歴史的意味」については次のⅣで取り上げる。

『芸術心理学』の原稿はしばらくの間行方不明で、ヴィゴツキーの友人の映画監督・映画製作者のセルゲイ・エイゼンシュテイン（Eisenstein, S. M.）の書斎にあったのを記号学者のヴャチェスラフ・イヴァーノフ（Ivanov, V. V.）が発見した。イヴァーノフは『芸術心理学』に詳しい注釈をし、『芸術心理学』でも要約版の形で使われている『ハムレット――その言葉と沈黙』の編者として詳細な編注を書いている。イヴァーノフは「心理学の危機の歴史的意味」は、『芸術心理学』で用いている方法論を述べたものであり、『芸術心理学』は文芸の書を超えるもので、ヴィゴツキーの研究の中でも重要な位置を占めていると指摘している（Zavershneva, 2012a, p.22）。奇しくも『芸術心理学』と「心理学の危機の歴史的意味」は、共に彼の存命中は出版されることなく、原稿の形でしばらく置かれたままであった。

2 『芸術心理学』にみる文芸と言語分析の視点

■社会・歴史的なものとしての文学

『芸術心理学』の第1部・方法論と第2部・批判は、ヴィゴツキーの文芸研究に対する基本的考えを述べたものである。これまで芸術について、作品内容を個人として受容する「下からの美学」か、素材や作品からみていく「上からの美学」のどちらかで議論されてきた。これに対して、ヴィゴツキーは個人の心理か、作品かといった二分法的な議論は止めるべきだとした。読者はたしかに文芸作品という外的対象に向き合い、その内容を読み、解釈し、感動をするという内的な心理的活動を展開している。個人の自由な解釈活動が保証されながらも、個人の活動を支えている作品という外的、社会・文化的なものがそこには同時にある。

ヴィゴツキーは、人は芸術作品を元にして読者としての解釈、つまり心理的なものを再生しており、客観的な作品の材料と個人の美的反応とは相互作用していると言う。彼は、文芸研究というジャンルを使いながら同時に人間精神を社会的、歴史的な視点でみていこうとした。その時参照にしたのは、マルクスの『経済学批判への序説』(1859) で言う、人間は「社会的動物 (zoon politikon)」ということで、それは単に社交的な動物であるだけでなく、社会のなかでのみ個別化されることができる動物ということである (邦訳 p.31)。

ヴィゴツキーは、この言葉を他の著書でも何度か使っており、彼の人間精神についての基本姿勢を端的に表すものである。だが、ここで注意をしておきたいのは、文章の後半にある「社会のなかでのみ個別化される」という文章である。単純に経済関係や社会的イデオロギーによって個人の世界が一義的に決定されるのではなく、個人の独自性があることを「個別化」という言葉で表現している。ヴィゴツキーはこのことを文学の世界にも当てはめ、作品やその文化的伝統としてある社会的なものに個人の読解内容がすべて還元されてしまうような機械的決定論ではないとした。

マルクス主義哲学で強調しているように、外的要因と個人の内的世界とを弁証法的決定論の立場から考えるということである。弁証法的決定論では、もろもろの間での相互作用の過程としてことは起きており、それらによって一つの系が形成されると考える。弁証法的決定論では予定外のことが起きることを想定し、偶然的なものを排除することなく必然と偶然とが一つの弁証法的な統一を形成していくと考える（アルフレート・コージング編 1969）。ヴィゴツキーが美学の研究でとっているのは、まさにこの弁証法的決定論である。

ヴィゴツキーがマルクスの考えを援用して、「社会的存在」として人間精神をみようとした時にも、単純に社会的イデオロギー、はたまた威勢の良い革命思想で心理学を論じようとしたのではなく、あくまでも新しい人間精神の理論を創り出そうとしたのであり、これまでの心理学を変革していくための方法論としてマルクス主義哲学を援用した。そのことを『芸術心理学』の中で具体的に試みたのである。

■「下からの美学」と「上からの美学」を超える

ヴィゴツキーが『芸術心理学』において「下からの美学」の考えを直接批判しているのは、当時のロシア言語学と文芸研究に一定の影響を与えていたロシア・シンボリズムである。その中心人物であるアレクサンドル・ポテブニャ（Potebnia, A. A.）は、言葉は内的なイメージと音声が結合したもので、言語を内的な言語形式のイメージとして説明している。この考えからポテブニャは、文学の理解は作品についての個人のイメージ活動に基づいているとする。この「下からの美学」や、個人の主観的な作品理解を重視する立場には、さらに文学についての心理学的研究も含まれることになる。

このようなポテブニャに代表される主観主義的な説明に対して、あくまでも言語や文学作品が持っている形式的な構造と機能に注目することで、より客観的な研究が可能になると考える立場があった。これが、ヴィゴツキーの言う「上からの美学」研究である。ロシア・シンボリズムを批判する中で出されたロシア・フォルマリズムである。言語学ではローマン・ヤコブソン（Jakobson, R. O.）が言語の音韻構造の客観的分析を行い、ヤン・ボードアン・ド・クルトネ（Courtenay, J. B. de）が言葉の意味化を音素とその機能の客観的研究から展開していった。二人に始まるロシア・フォルマリズムは詩的言語や散文の構造分析の研究へと発展し、ヴィクトル・シクロフスキー（Shklovskij, V.）に代表されるフォルマリストたちは、文学作品の形式的な構造分析をすることによって文学を成立させている固有の客観的法則を導き出していこうとした。

ヴィゴツキーはロシア・フォルマリズムによる研究の可能性を認めつつも、作品の形式的な分析だけでは、作品がもたらす心理的作用の働きを明らかにすることはできないと考えた。それは一種、行き過ぎたフォルマリズムの形式主義に対する批判であった。ヴィゴツキーはこのような中で、もう一つの文学理論であるアクメイズムの考えに共感を寄せていく。アクメイズムはギリシャ語で頂点や完璧を意味するアクメに由来しており、芸術的な真実を表現することを最高のものにするという考えである。アクメイストらは、フォルマリズムが持っている形式的構造を超えて、作品から受ける形象(内的イメージ)と具体的な詩や文学作品を切り離すことなく論じているのが特徴である。アクメイズムはオシップ・マンデリシュターム(Mandelschtam, O. E.)やヴィクトル・ジルムンスキー(Zirmunskij, V.)たちによるもので、詩的言語についてシンボリズムが観念的、個人の内的イメージを重視していたのとは違って、詩が持っている具象性と詩的世界の歴史性、文化性を重視する立場であった。あるいは、個人の内的イメージや意味世界だけでなく、個人の文芸活動も作品にある歴史・文化的なものに支えられていることを重視してもいた。歴史・文化の継承としての文学という視点である。

ヴィゴツキーはアクメイストの人たち、特にマンデリシュタームとは深い交流があり、彼らの言語論や文芸論と強く共鳴するものがあった。だから、ヴィゴツキーが『芸術心理学』のはじめのところで、「下からの美学」と「上からの美学」を区別するような発想は無効にすべきだと言ったのも、アクメイストとの交流によるものだった。

ヴィゴツキーは言語の問題でも、アクメイズムの発想と同じ考えに立っていた。彼は個人の独自のニュアンスや意味解釈を含んだ意味世界である語の意味と、言葉の意味を社会・文化的に共有している一種の言語体系でもある語の語義とは、相互連関し合っている、まさに表裏一体で作用し合っているとした。ヴィゴツキーは『思考と言語』でもアクメイストの人たちの詩集を取り上げ、彼らの歴史・文化的伝統を背景にした詩作の意味に言及している。

ヴィゴツキーが文芸研究で注目したもう一つは、ドミナント概念である。フォルマリズムでは文学作品の内容に目を向けないで作品の形式的な構造と分析を過度に重視してしまっていた。彼はこのような行き過ぎたフォルマリズムの形式分析を是正しようとしたドミナント概念を使って、作品世界を、それを構成している部分と全体との相互連関としてみていこうとした。ドミナントとは、簡単に言えば、文学作品ではそれを構成している要素の中でも作品全体のトーンとでも言うべきものを描き出していく働きをしているものである。そこでは、要素という部分と全体は相互連関している。フォルマリズムが作品の形式的分析を強調していることに違和感を持っていたヴィゴツキーにとって、ドミナント概念はフォルマリズムを超える視点を与えるものだった。

3 『芸術心理学』における作品分析と解釈

ヴィゴツキーは『芸術心理学』の第3部「美的反応の分析」では、ロシアの寓話とイワン・ブーニン（Bunin, I. A.）の散文『軽いため息』（柴田訳では『やわらかな息づかい』）、そして戯曲『ハムレット』の三つの異なるジャンルの作品について、美的反応の分析を行っている。彼がこれらの作品を通して主張しているのは、作品が出すメッセージにはいつも表の部分と裏の本当の真意があって、書かれたもの、表のメッセージをきちんと読みながら、同時に裏のメッセージ、真意を把握していくべきだということである。このような視点で読者の読解内容をみていくべきなのである。

■ロシアの寓話作品

イヴァン・クルイロフ（Krylov, I. A.）が集めた多数のロシアの寓話がある。ヴィゴツキーは寓話の基本には「知覚の二重性」（邦訳 p.157）があり、これが無ければ寓話の意味やメッセージの鋭さがなくなってしまうと言う。あえてヴィゴツキーがクルイロフの多数の寓話を出しながらメッセージ分析を行っているのは、まさに作品が出すメッセージの内容的な二重性、表には裏があることを明らかにしたいためである。

一つの作品で考えてみよう。ヴィゴツキーの『芸術心理学』にもある巻4・作品「白鳥とかますと海老」（クルイロフ 1956『寓話』峯俊夫・訳 pp.110–111）である。

「ある時のこと、白鳥と海老、それにかます（かわかます）が車に荷物を積んで運ぶことになった。一羽と二尾が全部いっしょに荷車につけられた。みんな死物狂いで引っ張るのだが、荷車は一向に動かない。積荷は彼らには軽いもののように思われるはずなのにだ。でも白鳥は空高く舞い上がろうとするし、海老はあとずさり、かますは水の中へ引っ張っていく。一体誰が悪くて、誰が正しいのだろう、私たちにはわからない。しかし荷車はまだそこにいて動かないのである。」

荷物は軽いのに動かないという矛盾、しかも一生懸命にやっているのに、ばらばらの行動をしている。矛盾したことが起きる社会の現実を、この作品から私たちは直観するとヴィゴツキーは言う（邦訳 p.140）。そして、この作品だけでなく、あらゆる寓話を読んで、私たちは直ちに寓話が表しているメッセージの裏にあるもう一つのメッセージを理解する。

実は、この作品の冒頭には、こういう文が書かれている。「仲間の間で意見の一致がないと仕事はうまく行くものではなく、仕事どころか苦しみをうむだけのことになるものだ」（クルイロフ『寓話』邦訳 p.110）。この冒頭の文章がなくても一羽と二尾の話で何を言おうとしているのか、その意味は直ちにわかる。寓話とはそういうものである。もっと言えば、私たちの周りに満ち溢れている言葉とその意味も同じである。ヴィゴツキーは言葉について、社会的・公共的ないわば表の意味ともいえる語の語義と、個人の意味を担っているいわば真意ともいえる語の意味の二つは表裏一体になっていることを『思考と言語』で繰り返し述べているが、実はこの表と裏の二つのメッセージはまさに同時にあって、その切り替えは瞬間で起きている。だから、両者は切り離すことなどできない。

ヴィゴツキーが取り上げた寓話の意味を、散文と詩の違いということで考えてみよう。寓話は詩と似た側面を持っている。寓話の半分は詩の言葉に近いもので、裏の意味を理解していかなければならない。個人的な意味を込めた、語の意味である。それに対して、散文は相手に正しく伝わることを基本にした伝達の言葉であり、表に表れたメッセージを読むという社会的使命を持った言葉である。ヴィゴツキーが言う語の語義である。この二つの違いはあくまでも相対的なもので、散文の理解でも裏のメッセージを読むことが求められる。

■ブーニン『軽いため息』

ヴィゴツキーが第7章で分析している、ブーニンの『軽いため息』をみていこう。ブーニンのこの作品を、ヴィゴツキーは作品の物語の展開の裏にあるのは主人公が感じる解放感や風を感じて受ける自由な生の感覚であると解釈している。だから、作品の中にある事件の内容や作品の構造分析だけでは捉えられない、主人公が感じる「軽いため息」という感覚、「生の透明さ」とでもいうものを見出さなければならない。ヴィゴツキーは表面的な作品構造の背後にあって作者・ブーニンが作品に込めたもう一つの世界を見逃してはいけないと言う。ここにヴィゴツキーがこの作品を取り上げ、分析する意図があった。それはつまり、主人公の女性教師がこれまで持っていた自分の生き方とは別のものがあることに気づいていくことであり、まさに大きな意味を与える経験から過去から未来へと向かっていく大きな飛躍が生まれているという事実である。

もう少し作品内容に沿って考えてみよう。主人公の女性教師は、自分の生き方の模範としてそこに希望を託していた兄の非業の死によって目標を失った中で、主人公の生徒の一人であった若い女生徒も奔放な生き方をしていたがために恋の恨みで殺されたという暗い過去の思い出も抱えていた。しかし、主人公の女性教師は女生徒のことを墓の前で回想していく中で、過去の体験を超えて未来へ向かってもう一つの世界へ進んでいこうとする。暗い過去があったからこそ、明るい希望の未来があるということである。これは、この後みていくヴィゴツキーのハムレット論の視点でもある。

もう一つ、ブーニンのこの作品で言えることは、そのタイトルにあるように、主人公が、訪れた墓で風を感じ、自分の内的世界に大きな意味を持ったロシア語でいう「ペレジヴァーニエ（心的体験）」をまさに受け取ること、そしてそれが、自己の内的なものから発した軽いため息という身体的なものから生まれていることが強調されていることである。ブーニンの作品はこの内的世界で起きている「ペレジヴァーニエ」が中心的なモチーフになっているが、それはブーニン研究者の宮川絹代（2013）も指摘している。

ヴィゴツキーも盛んに使っているこの「ペレジヴァーニエ」について、ウラジーミル・ジャンケレヴィッチ（Jankélévitch, V.）は『最初と最後のページ』（1994）の中の「現代ロシア思想における神秘主義的主題群」で、まさに身をもって知るという、単に受け身的な存在を超えた能動的な生の活動という意味がそこに込められていると言う。その発想は、一つにはウラジーミル・ソロヴィヨフ（Solov'yov, V.）の言う形式と内容の相互補完的関係になっていて、両者を統合していく精神性を重視する姿勢がロシア思想の一つの潮流としてあったということである。それは、ヴィゴツキーの思想とも決して無縁なものではない。

■「呪文、早口言葉、なぞなぞ」

ヴィゴツキーは『芸術心理学』の第3部で寓話を取り上げているが、彼は当初、他の原稿も用意していた。彼の遺したノート第5章「呪文、なぞなぞ、早口言葉」として書いているものである（Genres of writing, Chapter 5, pp.51-55）。だが、実際はどういう理由か不明だが、この構想メモに基づいた原稿は使われなかった。この構想メモの概要から、『芸術心理学』を書いていた1925年当時、彼がどのような考え方を持っていたのかを垣間みることができる。

コラム「呪文、早口言葉、なぞなぞ（The spell, the riddle, and the tongue-twister）」

（ヴィゴツキーのノート・第5章 pp.51–55）

「呪文」で、ヴィゴツキーは詩人アレクサンドル・ブロークの「呪文の詩」をもとにしながら、次のように述べている。「呪いの言葉」は、詩として完全な形になっていないが、それでも呪文に言葉が持っている不思議な力がある点では詩に近い。呪文を作り出している神話の世界も詩的なものと近い関係で、それは容易に詩に変わっていく。そもそも世界のすべての現象は、五感には限定されない表象やイメージの世界がある。このようにヴィゴツキーは言う。神話も基本的にはイメージの世界であるが、そこには他方で現実的な感覚も含まれている。ギリシャ悲劇はギリシャ神話としてドラマ化されたもので、それはエディプスやプロメテウスという現実の姿の中に見出すことができる。そして、呪文は抒情詩である。呪文の形式、それは比喩を言語的に表現したもので、諸感情が結合したり対立したりする神話や呪文は、もう一つの私たちの内面の世界にあるものを表している。

「早口言葉」には詩の可笑しさがあり、それは詩のそれと似たところがある。「早口言葉」は音やリズムによる楽しさを味わうということでは詩の原型でもある。たとえば、「カルルがクララからクラリネットを盗んだ」(Карл у Клары у кал кларнет) のように同じ頭韻が並んでいる。詩の原初的なものには一つの物語が表れている。あるいは音の韻ということでは、語呂合わせが忍び込んでもいるし、音韻は文学作品を構成している重要なものである。ロシアの詩はいつも韻律を大切にしている。

「なぞなぞ」は詩の形式としては現実的な利用の価値もなく、そこで意味していることも具体的なものを表していないあいまいな内容である。そして「なぞなぞ」は読むものの知性を試すものと言われたりするが、それは正しくない。何故なら誰もが「なぞかけ」で言っていることは推測可能だからである。

このように、ヴィゴツキーはノート「呪文、早口言葉、なぞなぞ」では、これらがいずれも詩と共通な性質を持っていると言う。彼が言いたいことは、詩、さらには文学作品のイメージ（形象）形成に与っているのは音韻とリズムという言語の内部形式だということである。だから彼は、言語でも話し言葉を重視していた。この考えには、ロシア・シンボリズムのポテブニャの影響が入っている。もちろん、ヴィゴツキーはポテブニャが文学、そして言葉を個人的なイメージ活動の問題にしてしまったことに反対していたが、音から人は内的イメージを作り、それが言葉の意味的側面になっているという考えは彼の言語観でもある。彼は同じ音から別のイメージが生まれることに音声表現の役割があることを「呪文、早口言葉、なぞなぞ」の例を使いながら述べている。

だが、結局、このメモは『芸術心理学』のための原稿として使われなかった。それは、『芸術心理学』では、イメージという内的言語形式が音声と意味を直接結びつけてしまう発想ではなく、作品自体の役割を重視していくべきだという考えがあったことによると思われる。

4　ヴィゴツキーの『芸術心理学』の中の「ハムレット論」

『芸術心理学』の第3部第8章は「ハムレット論」(「デンマークの王子、ハムレットの悲劇」)である。これはヴィゴツキーが大学の卒業論文として書いたオリジナル版の『デンマークの王子ハムレットについての悲劇』(邦訳名『ハムレット――その言葉と沈黙』1916)の要約版である。『芸術心理学』では、ロシア・フォルマリズムによる形式分析を使いながらこの戯曲の内容構成や話の展開の仕方についての議論を加えており、元のものとは内容が違っているところがいくつかある。たとえば、この作品に流れている主人公や登場人物のさまざまな矛盾に満ちた行動や主人公・ハムレットがやるべき行動を起こさないこと、遠回りの行動をしていることから読者や観客が感じる話の筋(シュジェット)と事柄(ファーブラ)の間で起きているズレ、矛盾がこの作品の流れを作り出しているといった説明である。

しかし、ヴィゴツキーの「ハムレット論」の中心にあるのは、このような形式分析だけではない。むしろ、主人公のハムレット自身、そして彼の周りで起きている事が矛盾に満ちており、そこでどのような行動をとるべきなのか、またどのようなことを予測すべきかわからないことから生まれる悲劇と捉える解釈である。父親のための復讐を誓いながらもなかなか実行に移せないでいるハムレットの行動、父親を裏切った母親の行動を知ったハムレット、狂気を装うハムレット、事の真相を知りながら何故かよその国に出かけてしまうハムレット。みんな矛盾しているのだが、矛盾したことが起きてしまう悲劇がそこにある。

特に『オリジナル版』の方では、ハムレットは、殺された父親の亡霊に接して現実で起きていることの背後には現実の世界の出来事とは違うもう一つの闇の世界があること、それによって現実のことが決定され、方向づけられていること、この越えてはならない境界の向こう側に真実があることを知ってしまったことが指摘される。現実と闇の世界との矛盾である。それがハムレットの中で生まれた悲劇である。そして、『オリジナル版』でも『芸術心理学版』でも、ヴィゴツキーが共に言うのは、最大の悲劇は、ハムレットはいつまでも復讐を実行しないままでいるこの「矛盾」を抱えながらもついに事に及び、「矛盾」を解消はしたものの、結局は自らが命を絶ってしまう結末になるという、もう一つの悲劇である。

結局、私たちはさまざまな矛盾したことが起きている現実の中でそれらに翻弄され、一人悩み、苦悩する孤独な存在である。そこに悲劇がある。ヴィゴツキーは戯曲・ハムレットから人間が持っているこういう現実の姿を導き出そうとした。それはわれわれの生の原初的なあり方、つまりわれわれの一人ひとりが永遠に孤独だということである。明るい日の光の下ではなく、永遠なる夜の偉大なる沈黙の中で孤独であることに悲劇の本質がある。

5　『芸術心理学』の最終メッセージとその補筆

ヴィゴツキーは『芸術心理学』の第4部「芸術心理学」の三つの章で、総括的な議論をしている。第9章と第10章の二つでは、読者の美的反応についてかなりの紙面を割いて議論をしているが、彼が主に取り上げているのは作品から受ける情動反応である。彼は『芸術心理学』で扱った寓話、ブーニンの小説、そしてハムレットの戯曲のいずれについても、それら作品で直接表現しているもの、つまり形式的な分析だけでは明らかにならない作品に込められた意味に迫ろうとした。読者は作品の表面とは違うものをメッセージとして受け取ることになる。ハムレットの作品では、いたるところで矛盾した事が続き、読者はところどころで感じる感情の間の矛盾を解消していかなければならない。「一体、ハムレットに何が起きており、何をしたいのか」、読者が解かなければならないのはこれである。だから、ヴィゴツキーは次のように指摘している。「寓話から悲劇にいたるまで美的反応の法則は一つである。つまり、それは二つの対立した方向に発展する感情をうちに含み、その感情は最終点で電気がショートするようにして解消するということである」（邦訳 p.286）。この解消の過程を、彼は「カタルシス」と呼んだ。別のところ（第10章）でも読者の美的反応の中心にあるもの、つまり情動的なものも含め作品の了解にあるものは感情的矛盾の解消であり、それを「カタルシス」と称していた。だが、彼は、この「カタルシス」がどういう意味なのかは確定しない形で使わざるを得ないと告白していた。だから、このメカニズムを含めて明らかにすることが必要だとも言った。しかし、それは残された課題であった。

ヴィゴツキーは学位論文として『芸術心理学』を完成させ、その出版の準備を終えた直後に肺結核で半年間、療養所で過ごすことになった。この期間に彼は『芸術心理学』で書き残した部分の追加の原稿を書いている。それが『ヴィゴツキーのノート』第7章「ザハリイノ療養所から」(From the Zakharino Hospital, Chapter 7, pp.71-106) のメモである。ヴィゴツキーは『芸術心理学』に何を追加しようとしたのだろうか。それは残されたままになった「カタルシス」を説明することであった。

■美的反応としてのカタルシスとその解消

ヴィゴツキーにとって『芸術心理学』の中心的課題は、読者が二重の意味を作品から受け取り、また話の展開と結末をどのようにまとめて理解していくか、それを明らかにすることである。これが「カタルシスの解消」と呼んだものである。それがどういうものかは、『芸術心理学』では保留にしたままであった。そこで療養中、この保留にしておいたものを『芸術心理学』の補足のためのメモとしてまとめている。

そのポイントは、ハムレットの場合には、話の展開として死という結末になるだろうと読者が予測し、そう読むことで読解上の矛盾や葛藤を解消していくというものである。この作品を読んでいる者にとって、死という悲劇的な感情を抱くことで作品の読みを完結させようとする。読者は主人公の死を想像することで、作品の中の葛藤や矛盾から生じる感情的な緊張を弱める。ヴィゴツキーはノートでは次のように書いている。「悲劇作品の主人公の必然的な死は、作品という形式的な規則からは出てこない。逆に作品における死は偶然起きていることで、それはオセロ、ハムレット、そしてマクベスにおいても作品中の出来事の順番通りの流れの中で生まれてくるようなものではない。死は主人公の性格から必然的に生まれており、ただ一つの事実は、主人公の死や破壊が明確なサインになっていることである」(p.91)。読者はこのことを作品を読んだ早い段階で気づいている。

このように、主人公の死についてノートで書かれていることと、『芸術心理学』で主人公の死が「カタルシス」を作っているとした説明とは違っている。死はもう読者によって予感されていたというのがノートの中の説明である。ハムレットは死の淵をのぞき込んだ。そして実際、そこに身を投じてしまった。これが悲劇の結末であることを読者は早くに理解していた。

これと同じような形で作品が設定されているのが、クルイロフの寓話「猟犬小屋の狼」の話である。この寓話は『芸術心理学』でも詳しく紹介されているが、ポイントは狼が殺される運命にあることを読者は最初から気づいているということである。狼が羊小屋に入って襲おうとしたのに、間違って番犬の小屋に入り込み、多数の犬に囲まれてしまう。狼が命乞いをして仲直りを提案する。そこで猟犬の頭は「狼の本性を良く知っているから、こうすることに決めているのだ」と言い終わった途端、仲間の猟犬を狼めがけて飛びかからせた。この寓話でどういう結末になるか、読者は狼の死を最初から予測している。ハムレットの作品理解でも同じである。

■病いの克服と芸術心理学

ヴィゴツキーは、療養所からの退院後に芸術心理学についての新しいテーマをノートに書いている。これが、彼が『芸術心理学』に追加したいとした二つ目の補足である。これも今日読める『芸術心理学』には反映されていないが、彼はこのノートをもとにして『ソビエト芸術』に「現代心理学と芸術(Sovremennaia psikhologiia i iskusstvo, pp.5-8)」(1927)の論文を書いている。この短い論文では、芸術というものは悲嘆から打ち勝っていこうとする力を与えるもので、身体的な障壁を克服していく中で新しい可能性が生まれることと同じ働きをしていると述べている。『芸術心理学』の第4部「芸術と精神分析」ではヴィゴツキーは、フロイトは芸術創造を無意識な過程における「昇華」に求めたが、性的な欲求を芸術創造に求めるという発想のために芸術の社会的役割や意味が考慮されていないと批判している。

これに対して、ノートでは新しく書き加えるべきこととして、芸術創造は障害としてハンディを持った人が自己のさまざまな弱点を乗り越えていこうとする意識的な主体の活動と同じことだと言う。彼は、このノートを書いた同じ1927年に、「障害と過剰補償」の論文を書いている。そこでは、フロイトとは違った精神分析の理論を展開したアドラーの「過剰補償」の考え方で障害を持った人たちのハンディキャップを克服していこうとする意識的活動に注目した。ヴィゴツキーのこの「障害と過剰補償」の論文は、本書Ⅱ・5の障害児(者)心理と障害児教育のところでもみてきたが、彼は芸術創造にも同じように、自分には欠けているもの、ハンディキャップになっているものを超え、克服していこうという心的欲求を重視していた。この『ソビエト芸術』の論文では、アドラーの考えを参考にしながら、次のように述べている。「悲しみの詩は悲しみの上に置かれ、なおそれを無効にし、打ち勝ち、解決をもたらす。それは心理的手段を使って達成する。これがつまりX、芸術という名前のものであり、すべての研究者が研究を始めていくべきものなのだが、いまだにその多くは知られていない」(p.7)。

実はヴィゴツキーは、『芸術心理学』でも芸術創造について語っているところがある。最終章の「芸術と生活」である。福音書で言う「水をワインに変えていく奇蹟」と同じように、芸術の真の本性は日常の平凡な感情を克服し、変える何かを持っているということである（邦訳 pp.323-324）。

『芸術心理学』と「現代心理学と芸術」を比較してみると、前者の場合は、ハムレットの作品の美的受容の中心にあるのは悲劇的結末である死の予測であることが強調されていた。それは矛盾した内容の間のコンフリクトの解消とは違った視点を出したものである。

これに対して、後者は、芸術創造を主体の積極的な変革への意欲に求めている。前者はまさにヴィゴツキーが結核という病に苦しんでいた時で、幾分厭世的なムードの中で書いたものである。この病から奇跡的に回復した時に書いたのが後者の論文である。二つを比べてみて、ヴィゴツキーがどのような状況の中で物事を考えていたか、その心理的変化を垣間見ることができる。ノートにはそのような魅力がある。

Ⅳ　「心理学の危機の歴史的意味」と「心理学の科学」

ヴィゴツキーの初期の著作の中でも最も重要、かつ難解な論文である「心理学の危機の歴史的意味」（1927）を取り上げ、同時に彼が書いた関連論文をみていこう。

1 心理学の変革

１９１７年に起きたロシア革命は、ロシア社会に大きな変動をもたらした。政治・経済の体制の変化だけでなく、社会・文化、思想、そして心理学においても同様であった。革命前のロシアの心理学はドイツの心理学の影響が大きく、ヴィゴツキーが後に籍を置くことになるモスクワ大学の附属実験心理学研究所で研究を主宰していた所長のゲオルギー・チェルパーノフ（Chelpanov, G.）は、ヴィルヘルム・ヴント（Wundt, W. M.）の意識心理学を基礎にした主観的・観念論的な心理学研究を行っていた。だが、革命によって唯物論的な発想で人間心理を科学的に研究にしようとする機運が強くなり、所長は更迭された。

それでは、どのような科学的・客観的な心理学であるべきなのか、その模索が続いた。新しく所長となったニコライ・コルニーロフ（Kornilov, K. N.）は、新しい心理学研究の方向として、条件反射学でも唯心論的な観念論でもない「反応学」による心理学を目指そうとしていた。

■反射学研究によらない心理学研究

ヴィゴツキーは心理学研究所に赴任する前の１９２４年に全ロシア精神神経学会第二回大会で研究報告をしている。これは後に「反射学的研究と心理学的研究の方法論」(1926) としてまとめられるが、この報告ではイワン・パブロフ（Pavlov, I. P.）の条件反射学を基礎にしたウラジーミル・ベヒテレフ（Bekhterev, V. M.）らの精神反射学では人間行動を理解していくことができないと批判した。特に、ヴィゴツキーが強調したのは、反射学では人間の思考を考慮していないこと、人間の行動と意識を考えるうえで決定的に重要な言語の役割を正しく位置づけていくべきだということである。彼は言語が人間の心理や思考過程に関わっており、言語による媒介の働きやそのメカニズムを明らかにしていくことで、はじめて科学的に心理学を研究することが可能になると考えた。科学的心理学は決して自然科学的な条件反射学だけにこだわるのではなく、あくまでも人間心理として起きていることを対象にするべきだということである。

なお、この論文は、中村の邦訳（1985）と、英語訳としてvan der Veer と Valsiner（1994）のもの、そして、英語版『ヴィゴツキー著作集』第3巻（1997）の第1章がある。

ヴィゴツキーのこの研究報告に注目したのがルリヤで、彼は新しい所長の研究秘書として組織替えになった心理学研究所の所員を探していた。ヴィゴツキーのベヒテレフ精神反射学では人間行動を理解できないとする発言は、新しい心理学研究所の研究方向とも一致するものだった。

ヴィゴツキーが心理学研究所で本格的に心理学研究を開始していた当時、研究所の大きな研究テーマは「反応学」による心理学研究であった。だが、この「反応学」は反射を行動反応の基礎になっている心的エネルギーとしたり、心理的体験も人の行動の基礎にあるとして主観的なものを扱っていて、これまでの心理学にあったものを反応とする折衷的なものだった。そして、最も問題だったのは、マルクス主義哲学で重視した物質と精神とを弁証的関係として捉えていく弁証法的唯物論の考えを心理学研究として位置づけていくような理論がなかったことである。

このようにあいまいさを抱えた「反応学」でコルニーロフは新しいマルクス主義心理学を作っていこうとしていたので、ヴィゴツキーをはじめ研究所の所員たちは「反応学」に頼らない独自の理論構築を模索しなければならなかった。ヴィゴツキー、レオンチェフ、そしてルリヤの三人は共に研究所の第一部門・一般実験心理学で独自の研究と共同の研究を開始していった。ヴィゴツキーは正しい弁証法的唯物論の考えを入れたマルクス主義心理学を提案しようとして理論的研究を行っているが、その成果の一つが「心理学の危機の歴史的意味」(1927)である。

2 研究ノート「ザハリイノ療養所から」

ヴィゴツキーは科学的心理学のための理論構築の作業を始めていたが、その途中で結核が悪化して治療のために療養所に入院を余儀なくされた。この療養期間中に研究の構想を練り、「心理学の危機の歴史的意味」の原稿の執筆に向けた準備を行っている。そこで彼が書いたのが、「ザハリイノ療養所から」(ヴィゴツキーのノート・第7章)である。幸い、病気は快方に向かい、半年後の1926年の5月には退院をしている。退院後、彼は直ちに「心理学の危機の歴史的意味」の執筆に着手し、1927年の初旬には完成しており、わずかの期間で原稿を書いたことになる。以下では、「ザハリイノ療養所から」に書かれたものをみていくが、内容はこの後で取り上げる「心理学の危機の歴史的意味」へとつながるものである。

■弁証法的唯物論によるマルクス主義心理学の構築

彼が生きていた時代のソビエト心理学では、マルクス主義の唯物論や弁証法の扱いについていくつかの異なった考えがあって混乱していた。このような中で、いかにしてマルクス主義に基づく心理学を作り出していくか、そのためには当時の心理学にはどのような問題があるのかを批判的に論じていくことが不可欠であった。彼はこれらをノートにまとめている。冒頭では、マルクスの『資本論』第

1巻の序文と、マルクス・エンゲルスの『経済学批判への序説』の中にある文章に注目して、心理学のあるべき方向を述べている（ノート p.76)。

『資本論』の経済的諸形態の分析では資本主義社会の商品形態と商品の価値形態が分析すべき対象の最小単位の「細胞」になっているが、これと同じように、人間精神の本質にあるものを見落とすことなく研究しなければならない、ヴィゴツキーはノートでこのように言う。そしてこれと同じことを、「心理学の危機の歴史的意味」でも繰り返し述べている。次の文章である。「心理学の細胞——一つの反応のメカニズム——を看破する者がいたら、彼はあらゆる心理学の鍵を手にすることになろう」(邦訳 p.244)。

このように、ヴィゴツキーが新しい心理学を作り上げていくための基本的な枠組みとして用いたのはマルクス主義哲学である。そして、ヴィゴツキーは『経済学批判への序説』の中の文を使いながら、研究の対象としてはより高次な形態のものに注目していくべきで、低次のものから高次のものを当てはめて論じることをしてしまうと本質を見失ってしまうと言う。『経済学批判への序説』では、次のように述べられている——ブルジョア経済学をみていくことが、かつての古い経済形態にあったものを理解していく鍵となるが、これと同じように、人間の解剖は猿の解剖のための一つの鍵となる。だが、下等なものから高等なものを暗示できるのは、高等なものそのものについて既に知られている場合に限られる。

ヴィゴツキーはこのマルクスの二つの著書を取り上げ、人間心理として何がその本質になっているのか、そこに注目しながら、そこで起きている複雑な形態を詳細にみていくことが必要だとした。そして人間の問題としてより下位にある動物の条件反射から説明していくような方法をとるべきでないとした。つまり、パブロフ条件反射学で犬を使った研究を、人間の学習に当てはめるようなことはできないということである。

■弁証法なしの機械的唯物論——ベヒテレフ精神反射学

ノートでヴィゴツキーがベヒテレフの精神反射学を批判するのは、パブロフによる古典的条件づけでは、条件づけが成立した犬にとって、条件刺激として与えた光は餌を意味するシンボルになっていると説明してしまっているからである。無条件刺激である肉片はまさに生得的な形で無条件反応である唾液反応をもたらすが、古典的条件づけでは、この肉片と一緒に光や音を条件刺激として繰り返し提示していくと、犬は光や音に肉が出てくることを予告する信号としての意味を獲得していく。この信号学習を、ベヒテレフはシンボル的な意味と等しいとした。これはシンボルを言語的発話とはまったく関係のないところで生まれるとするものであり、明らかに機械的弁証法そのものである。つまり、人間の意識的活動と深く関わっている言語やシンボル機能を機械的な行動反応で説明するものであり、ヴィゴツキーにとってまったく受け入れることなどできないものだった。

ベヒテレフはパブロフ条件反射学の考えを高度な人間の精神活動にもそのまま当てはめてしまった。だが、パブロフ自身は自らの条件反射学を、唯物論による科学的研究として、動物の学習にみる刺激と反応の間の随伴性の獲得を通して脳の神経回路の形成の研究をすることに問題を限定していた。そこでは心理的側面が存在するかどうかは問題にしないで、あくまでも心理的なものに相当するものを生理学的現象として研究していくことを追究した。だからパブロフは、心理学用語を使って説明することにはきわめて禁欲的であった。もちろん、犬で起きた条件反射の事実、唾液反応という事実は生物一般の法則であって、最終的にパブロフが目標にしたのは、人間の学習にも当てはまるような理論を構築することであった。言語についても条件づけのさらにその条件づけというように、いわゆる「二次的条件づけ」で現実を超えたものの間のことも客観的な実験事実で説明するというように、究極的には人間も含めた動物行動の一般理論を構築しようとしていた。

ここで、人間精神の説明にとっては大きな過ちの一歩を踏み出してしまった。パブロフたちは間違った原理に基づいた研究をしていると、ヴィゴツキーはマルクスの資本論にある言葉を使って言う。これが先に述べた『資本論』第1巻第1分冊の言葉である。犬の事実から人間心理を説明してはいけないということである。

条件反射を人間に当てはめてしまうベヒテレフの発想は、ニコライ・ウヴェデンスキー(Vvedensky, N. E.)やアレクセイ・ウフトムスキー(Ukhtomsky, A. A.)の研究にも表れている。ウヴェデンスキーの考えは、他者の意識世界を外部の人間が把握することなどできないのであって、それは唯一生理学的事実に基づくしかないというものであった。彼らに共通しているのは、生理学的研究によって科学的な心理学研究が可能になるというものだった。ウフトムスキーはドミナントの概念で、特定の刺激を受けて反応が強くなり、他の反応を抑制するという人間の反応傾向を神経系の興奮と制止の生理学による過程で説明したが、このドミナント概念は生理学の分野を超えて、広く人間心理の説明にも使われていった。たとえば人間が文章を読んでいく時にどこに注目しながら内容をまとめていくかということも、その基礎にあるのは支配的な反応、つまりドミナント反応があるという形で用いられた。このような高次の人間精神を生理学的な事実から説明しようという動きが、ロシアには強くあった。

■唯物論なしの弁証法――チェルパーノフの経験論的心理学と現象学的方法

チェルパーノフはヴィゴツキーが実験心理学研究所に来る前の所長であったが、チェルパーノフの研究は科学的な心理学研究になっていないという理由で所長を更迭された。

もう少し詳しく、チェルパーノフの心理学についてみていこう。チェルパーノフの研究は、人間心理を外的な感覚や生理学的な活動といった観察可能なものでは捉えることはできないという考えに立っていた（ノート p.77）。そこにはヴントの内観法や現象学的研究を用いる発想があった。心理学を実験的な手法で研究するのではなく、あくまでも形而上学的に研究することだった。だが、同時に、彼は経験したことを主観のレベルの論理・抽象的な意味の形成として考える経験主義心理学も提唱していた。チェルパーノフは唯心論、心身並行論、実証主義などいろいろなものを混ぜ込みながら、観念論的な潮流の中にマルクス主義的心理学を位置づけようとした。だから、彼の言うマルクス主義心理学というのは、唯物論を外して観念的な形で経験内容と自己の内的世界との弁証法的関わりだけに注目するものだった。

ヴィゴツキーは、ノートではチェルパーノフの研究を「唯物論なしの弁証法」という言葉で言い表している。これは明らかにマルクス主義心理学から逸脱したものであった。だからヴィゴツキーはノートでも、チェルパーノフのような物事にある表面的な現象と経験に注目するだけでは本質を見出することはできないと批判するが、それはマルクスが『資本論』第3巻第7篇でも次のように指摘していたからである（ノート p.76）。『資本論』の文章である。「もし事物の現象形態と本質とが一致するものならばおよそ科学は余計なものであろう」（『資本論』邦訳 p.1047）。もちろん、本来の現象学というのは、単に現象を捉えることだけに終始するものではなく、現象の把握からその背後にある本質を導き出すということであって、チェルパーノフは安易な経験主義でもって心理学を科学的に研究しようと画策しただけである。彼は経験主義心理学として指折りの活動家として振る舞い、時には自然科学的な研究方法として先にもみてきたウヴェデンスキーの考えをうまく利用したということである（ペトロフスキー『ソビエト心理学史』邦訳 p.61）。

■コルニーロフの「反応学」、そこにある折衷論と理論のあいまいさ

チェルパーノフのような観念論的心理学ではないマルクス主義による科学的心理学を作り直そうとしたのが、コルニーロフの「反応学」であった。だが、コルニーロフのそれもチェルパーノフと同じように、心身並行論を標榜していたプレハーノフの考えを使ったものである。その意味では、コルニーロフの「反応学」という表題の心理学研究も、雑多なものを入れ込んだあいまいなものだった。それをマルクス主義による心理学だとすることに、ヴィゴツキーは強く反発した。

コルニーロフは科学的心理学を創り出そうとして、反射学でもワトソンのような行動主義でもなく、また経験主義的心理学や観念論的心理学でもないものとして「反応学」と称した。だが、この用語が示しているものは、反射という生理学的なものに依存しないというだけで、主観的であり、また客観

的でもあるような人間の複合的な行動を反応として問題にするというもので、実にあいまいであった。そして実際にこの「反応学」からは、何を心理学研究の課題とするかという研究の方向もその具体的な内容も明らかにならなかった。

コルニーロフが反応という言葉を用いている背景には、マルクス唯物論の客観的な人間心理の表現としての反応を対象とすることで、マルクス主義から心理学を正しく導いていけるという発想があった。ここには人間精神は物質的過程の内的な形になったものであるという考えがあり、精神の内化と物質的な過程とを区別する必要はなかった（ノート p.78）。だが、実際にコルニーロフが「反応学」で問題にしたことは、精神と身体との間の機械的な連関で、精神と身体を並行論的に論じてしまった。このように、単に機械的にマルクス主義的唯物論を取り込むだけでは新しい心理学は生まれてはこないというのがヴィゴツキーの批判である。

■プレハーノフの哲学

実はコルニーロフの心理学的唯物論の背景には、彼の思想的な先達としてプレハーノフの考えがあった。ゲオルギ・プレハーノフ（Plekhanov, G. V.）はロシア・マルクス主義の立役者とも言われ、唯物論哲学の理論を展開した人物であるが、その弟子にアブラム・デボーリン（Deborin, A. M.）がおり、コルニーロフはこのデボーリンの影響を強く受けていた。デボーリンには『弁証法的唯物論の哲学』(1923) があるが、プレハーノフの弁証法哲学をもとにしながら、ベーコン、ホッブス、ロック、バークレー、ヒューム等を次々と批判して、最終的には弁証法的唯物論だけが科学的経験の哲学的基礎づけを与えるものだと結論した。ただし、ここで言う弁証法的唯物論というのは、世界現象は物質過程によって生み出されるというもので、機械的唯物論であった。デボーリンのこの本には彼の師であるプレハーノフの長い序文が載せられているのも特徴である。コルニーロフがデボーリンを参考にして、「反応学」で経験を重視したのも頷けることである。

また、プレハーノフと思想的に近い人物に、ユーリ・フランクフルト（Frankfurt, Y. Y.）がいる。ヴィゴツキーはプレハーノフについてはノートでも、「心理学の危機の歴史的意味」でも、具体的な説明はあまりしていない。それはプレハーノフの存在はロシアでマルクス弁証法を語る時にはあまりにも自明な存在であって、改めて説明する必要がなかったのかもしれない。むしろ、フランクフルトの方をヴィゴツキーは「心理学の危機の歴史的意味」では何度も取り上げ、彼の考えを批判している。たしかに、プレハーノフはマルクス主義をロシアに導入した立役者で、ロシアにおけるマルクス主義を広げるのに功績があったし、彼が亡命先のドイツ、フランスで書いた『史的一元論』（1925）はロシアで盛んに読まれ、影響力があった。

だが、ヴィゴツキーにとっては、プレハーノフの唯物決定論は受け入れがたいものだった。ヴィゴツキーは、ノートではプレハーノフが依拠しているマルクス主義哲学からは人間心理についての認識を助けてくれるような理論を得ることはできないとしている（ノート p.78）。大事なのは、マルクスから心理学研究の方法を学んでいくことなのである（ノート p.78）。このことは、「心理学の危機の歴史的意味」でも繰り返されている（邦訳 p.262）。

弁証法的唯物論による心理学

ヴィゴツキーは「まさに必要となっているのは、弁証法的唯物論の抽象的命題をあらゆる現象の分野へ具体的に適用することを解明する媒介的科学としての心理学的唯物論なのである」と言い（ノート p.87)、弁証法的唯物論による心理学研究のあるべき姿を模索する。「そうした媒介的な理論――方法論、一般科学――をつくり出していくためには、その分野の現象の本質およびそれらの変化の法則を解明し、質的、量的な特性、それらの因果性を明らかにしなければならず、それらに固有のカテゴリーや概念をつくり出さなければならない。一言でいえばそれぞれの『資本論』をつくり出さなくてはならない。…心理学には自分の『資本論』――階級・土台・価値などのような自分の概念――が必要である。それらによって心理学は自分の客体を表現し、記述し、仮定することができる」（ノート p.87)。この文章は「心理学の危機の歴史的意味」でも繰り返されている（邦訳 pp.260-261)。ヴィゴツキーは、マルクス主義による新しい心理学を構築していこうとした。

今、最も注目されているドイツの気鋭の哲学者・マルクス・ガブリエル（Gabiel, M.）が『「私」は脳ではない』(2015）で、マルクスの理念を端的に語っているところがある。「マルクスは、本質的に精神は物質的に表現される労働を通じて、つまり感覚的に手の届く自身の環境を作り変えることを通じて生まれると考えている」（邦訳 p.69）という文章である。この「精神は物質的に表現される労働を通じて生まれる」という命題から、人間の精神、意識、そして言葉の役割を考えてみよう。実は、これがヴィゴツキーのノートで議論しているもう一つの内容である。ノートで、ヴィゴツキーは意識を主観的な問題としてではなく、科学的に説明する可能性を追究している。そしてこの意識の発生と関連づけながら言葉の問題を論じている。

ヴィゴツキーはノートで、意識と記号の発生をマルクスの考えをもとにして次のように説明している。マルクス唯物論では、記号は本来物質的なものであるが、これが社会的な活動を展開していく中で人々の間の意識の交流を可能にしていく。社会的な道具＝言語は非物質的なものへと変わっていく。記号の言語的交流を通して個々人の意識が形成されてくるという意識論である。もう少し詳しく意識と言語の発生について、『ドイツ・イデオロギー』でみていこう。物的対象に働きかけて得られる生産的活動の実践と労働の結果は、何事かを生み出し、それが反省的思考と表象となる。そしてこの表象は次の計画的な実践となる。これが意識を生んでいく。だから意識活動には物質的基礎がある。そして、物質的なものへの関わりである実践と労働は社会的な活動としてあるから、社会的関係を支える言語の形式へとなっていく。言語は意識と同じほど古い。言語は実践的な意識になる。意識は私と他者の双方に存在している。このようにマルクスは言う。

ヴィゴツキーは、自己についてはどのように述べているだろうか。彼は自己、あるいは自己意識は身体との関係で言えばそれは非現実的なもので、身体的なものの集合に何も加えることがなく、身体から独立したものであると言う。自己はあくまでも非物質的なものであって、それは社会的関係から得られる。だが、この自己や自己意識は身体的な関わりとして展開している生活における社会的な関係を表している。したがって、自己はわれわれの中にある社会であり、ある種の社会的な結合ということである。彼はノートでは、「フォイエルバッハに関するテーゼ」の第6テーゼにある「人間の本質とは個々の個人の内部に宿る抽象物なのではない」を引用しながら、自己意識は社会的関係から得られるとしている（p.79）。この第6テーゼについて、ヴィゴツキーは後の『文化的・歴史的精神発達の理論』（1930-31）でも繰り返し取り上げているが、そこに新たにヴィゴツキー独自の解釈が加えられている。つまり、彼はマルクスが人間の心理的本性は社会的諸関係の総体であると述べていることだけにとどまらずに、「この命題を変えてこれが内面に移され、人格の機能とかその構造の形式となった社会的諸関係の総体であるということができよう」（『文化的・歴史的精神発達の理論』邦訳p.183）と言う。マルクスを正しく読む、つまり弁証法的唯物論から人間精神を考えていく時には、個人としての自己と社会とを弁証法的関係としてみていくということである。

ヴィゴツキーのノートには彼がその後まとめた『文化的・歴史的精神発達の理論』や『思考と言語』等で展開された基本的構想が語られている。そして、何よりも「心理学の危機の歴史的意味」のための下書きとアイデアがこのノートであった。

3 「心理学の危機の歴史的意味」

「心理学の危機の歴史的意味」(1927. 以下「危機」)の内容をみていこう。この論文は彼の一連の著書の中でも最も難解なものの一つである。その主な原因は、われわれにとっては必ずしも馴染みのない、当時のソビエトにおける心理学や反射学の研究、そしてマルクス主義哲学が語られているからである。しかも当時のソビエト心理学には唯心論的な現象学による方法があるかと思えば、条件反射学を背景にした精神反射学の唯物論的なものがあって、混乱していた。このような中で、ヴィゴツキーは独自のマルクス主義に基づく心理学を構築していこうとした。

■「危機」はどのように書かれたか

ヴィゴツキーが残したノートと実際にまとめられた「危機」では、内容がかなり違っている。彼は結核療養所に入院中に「危機」のための構想をノートにまとめているが、最終的に原稿として書き上げたのは退院してからである。そこには時間差があった。

「危機」はどのような形で書かれたのかについて、ザベルシネヴァ(Zavershineva, 2012b)は「ヴィゴツキーの原稿、心理学の危機の歴史的意味の研究(Investigating L. S. Vygotsky's manuscript: The historical meaning of the crisis in psychology)」でふれている。それによると、入院中に彼の大学院生のサハロフに宛てた1926年2月15日の手紙で、「危機」についての構想を練っているところだと書いており、また退院間近の同じ年の3月15日付のルリヤへの手紙では、「危機」の主要な問題は研究方法のことだとも述べている。この数か月後の1926年5月に療養所を退院し、本格的に「危機」に取りかかっている。

そして、ザベルシネヴァ（2012a）が指摘していることだが、彼は「危機」を出版しようという意図はなく、個人的な形でまとめとして原稿を書いていたのである。そのために文章の推敲を十分にしていないところがある。この原稿は1982年になって、ロシア語版著作集第1巻に加えられている。

■「危機」における議論1――心理学の方法をめぐる問題

「危機」の前半の第1章「一般心理学の必然性」から第6章「批判ではなくて一般科学の研究を」で、ヴィゴツキーはこれまでの人間科学の研究は個別の説明原理を超えて一般理論へと過度に広げる過ちをしてきたと言う。具体的には、パブロフ学説や精神分析理論、ゲシュタルト心理学は個別の対象について限定的に説明していたが、次第に人間心理全般について説明する一般理論へと変貌してしまった。

ヴィゴツキーはパブロフ学説を念頭において、マルクス・エンゲルスの『経済学批判への序説』（1859）に言うように、低次のもので高次にあるものを説明してしまうと、本来の高次な形態としてあるものの本質が見失われてしまうと警告する。『経済学批判への序説』では、下等なもの、つまり猿から高等なものである人間を暗示することが可能になるのは、あくまでも高等なものそのものについて既に知られている場合だけに限られると言う。

パブロフたちの研究は犬から人間へ、つまり動物でわかったことをそのまま人間に当てはめることをしてしまった。だから、ヴィゴツキーは次のようにも言う。パブロフは自分の研究分野の影響や指導力をあらゆる心理学的知識の領域にまでおし広めようとした。ヴィゴツキーは、パブロフ学説は「人間の心理に遅かれ早かれ客観的データをもちこみ、意識の本性やメカニズムを説明する。その道筋は単純なものから複雑なものへ、動物から人間へと向かってしまった」(邦訳 p.98) と批判する。そうではなくて、始めから人間そのものをきちんと研究する姿勢に戻るべきである。「反射――それは心理学の一章にすぎず、心理学全体でもなければ、むろん世界全体であるはずもない」(邦訳 p.114)。このように彼が言うのは何も条件反射学だけのことではなく、精神分析理論、ゲシュタルト心理学でも同じである。

ヴィゴツキーがゲシュタルト心理学について批判するのは、ゲシュタルト原理を人間の有機的過程と物理的過程を含んだいわゆる「心身物理同型論」としてしまったからである。ケーラー(Köhler, W.)による霊長類の問題解決行動を人間に当てはめたり、コフカがゲシュタルト原理で発達を半ば生得的なものとするようなことには、過度な一般化の弊害がある。

精神分析理論も、あらゆる人間の文化現象まで無意識で説明してしまった。ヴィゴツキーの指摘である。「精神分析は心理学の枠を越え、性欲は一連の他の形而上学的な思想のなかで形而上学的な原理へと変えられ、精神分析は世界観へ、心理学はメタ心理学へと変貌していった。精神分析には固有の認識論、固有の形而上学、固有の社会学、固有の数学が存在する。共産主義とトーテム、教会とドストエフスキーの作品、神秘学と広告、神話とレオナルド・ダ・ヴィンチの発明——これらすべてが変装し、化粧した性、セックス以外の何物でもないのである」（邦訳 p.112）。そもそもあらゆる現象についてそれがどのような歴史的経過の中で作られてきたのか、その過程で起きていることをきちんと分析をしなければならないということである。

個別科学と一般科学との関係について、ヴィゴツキーは主にエンゲルスの『自然の弁証法』（1873-1886）を使いながら、本来の科学の進展のあるべき姿について次のように言う。一般科学の中にある抽象的な概念はその中に現実の核を含んだものであり、個別科学の事実を基礎に成り立っている。そして、個別科学によって出された個別の概念は体系的な規則、法則、そして理論へと進んでいく。…一般科学は個別科学から素材を受け取り、それを自らの内部で一つに統合してまとめていく（「危機」邦訳 p.130）。ヴィゴツキーの発言である。「どんな科学も研究の素材をたんに寄せ集めすることではなく、その素材に対して多様で何段階にもわたって続く処理を行い、それをグループに分け、一般化をしていくことで現実をより広い視点から意味付けていく助けとなる理論と仮説を生み出していく。それは個々バラバラの事実から出てくるものではない。…それ故、一般科学を一連の個別科学から研究の素材を受け取り、個々の学問の領域では不可能になっているものに処理を重ね、一般化を行う科学であると定義することができる」（英語版 p.254）。ヴィゴツキーの主張は、心理学の研究もこのような科学の本来の営みを踏み外してはいけないということである。

■「危機」における議論2――心理学はどう乗り越えなければならないか

「危機」の後半、第7章「無意識の問題」から最後の第16章「将来の科学としての心理学」では、当時の心理学研究とその方法を批判的に論じながら、最終的には正しくマルクス主義の唯物論弁証法に基づくマルクス主義心理学の構築の道を探っていこうとした。彼はロシアの心理学の多くがマルクス主義的心理学だと称しているが、それらはいずれも間違ったものだと批判する。だから彼は「危機」の最終章でも、マルクス主義心理学はいまだ存在しないと言う（邦訳 p.277）。この後半部分の内容は彼がノートに書いたものとほぼ同じであるが、ここではノートではふれることがなかったものを取り上げてみよう。

ノートではふれていないのがフランクフルトについてである。彼はコルニーロフと同じくプレハーノフ、そしてデボーリンのマルクス主義哲学の思想を継承していた人物であった。ヴィゴツキーがここで取り上げているのは、フランクフルトの「精神物理学の問題についてのプレハーノフ」（1926）という題名の論文で、学術誌『マルクス主義の旗の下で』に収められている。フランクフルトはプレハーノフの言う人間心理は物質が内部へ移行した内的状態であり、それはまさに物質過程の主観的側面に属するという考えを受け継いでいる（「危機」邦訳 p.233）。人間心理は物質の単純な反映とみてしまった。機械的な反映論の考えである。しかし、ヴィゴツキーはこう説明したとしても、そこから方法論としては何も出てこないと言う。フランクフルトを介して同じプレハーノフの思想的流れを汲むコルニーロフの「反応学」も、物質的なものが人間心理に機械的に移入するという発想をとっていた。

プレハーノフ、デボーリン、そしてフランクフルト、コルニーロフへと連なるものは機械的唯物論であり、単純な反映論である。彼らは革命に迎合するような形で自らをマルクス主義心理学と称していたが、それは正しくマルクス主義に基づくものではないとヴィゴツキーは批判する。ヴィゴツキーはそもそも弁証法的唯物論を経済学以外の他の学問分野、たとえば自然科学や生物科学、そして心理科学に直接当てはめることなどできないとした。だからコルニーロフが『心理学とマルクス主義』でマルクス主義にふさわしい心理学を作ると言ったが、それは簡単なことではない。だからそれぞれの『資本論』が必要なのであり、心理学には自前の『資本論』が必要になってくるのである（邦訳 pp.260-261）。彼は続けてこう言う。「マルクス主義では何を探究し得るか、また探究すべきかを知らなければならない。・・・前もってマルクス主義の先達に探し求め得るのは、問題の解答や暫定的な仮説ではなく、それの構成の方法である。私は、心理とは何かということを、すこしばかりの引用と切りはりで、ただ知りたいとは思わない。どのようにして科学を構築するか、どのように心理研究にアプローチするかということをマルクスのあらゆる方法に学ぼうと思うだけだ。したがってマルクス主義は、必要なところで用いられていないだけでなく、必要なことがらがそこから引き出されていない。つまり、たまさかの意見が必要なのではなく方法が必要なのである。・・・『資本論』はわれわれに多くのことを教えてくれるはずだ――なぜなら現代の社会心理学は『資本論』をもって始まり、心理学は今も『資本論』以前の心理学であるからだ」（『危機』邦訳 pp.262-263）。

■「危機」における議論3――科学的心理学の構築のために

最後の第16章「将来の科学としての心理学」は「危機」のまとめである。マルクス主義心理学と称するロシアの一部の心理学者がいた。だが、それは本来のマルクス主義からはかけ離れたものであった。だから「マルクス主義心理学はいまだ存在しない。それは歴史的課題と解すべきであり、所与のものと考えるべきではない。現状ではその名称を聞いて、科学的に不真面目であるとか無責任であるとかの印象を受けることは免れ難い」(邦訳 pp.277-278)。このようにヴィゴツキーの発言は厳しい。

さらに、本来のマルクスに依拠した心理学のあり方についても次のように指摘する。「マルクス主義心理学は、諸学派のなかの学派ではなくて、科学として唯一の真の心理学であり、それ以外の心理学などあり得ないのである。逆に、真に科学的な心理学のなかに存在したり、そして現にあるものは、すべてマルクス主義心理学のなかに入り込んでくる。その概念は、学派とか傾向の概念よりも広い。それはどこで、誰によってつくりあげられようとも、科学的心理学の概念と一致する」(「危機」邦訳 p.280)。

「危機」の最後は、次の文章で終わっている。「将来の社会において心理学は、実際に新しい人間についての科学となるだろう。それなくしては、マルクス主義と科学史の展望は完全なものとはならないだろう。だが、新しい心理学についてのその科学も、やはり心理学であるだろう。われわれは今やそこからの紡ぎ糸を自らのうちに絡めとっている」(邦訳 p.282)。ここには意味がとりにくい言葉が入っている。「新しい人間についての科学」の新しい人間とは誰で、どういう科学になることを想定しているのだろうか。実は彼は元の原稿では「スーパーマン(超人)」という言葉で表現していたのを「新しい人間」に変えている。「スーパーマン（超人）」という言葉はニーチェに由来し、自らの確立した意思でもって行動する人のことであったが、ヴィゴツキーはこのような人間を理想の姿とし、また現実にいる人物としてレオン・トロツキー（Trotsky, L. D.）にそれを重ねていた。ヴィゴツキーはトロツキーが目指した社会とそれを実現しようとする行動、その思想に思いを抱いていた。

ヴィゴツキーは、マルクスの思想を正しく反映した心理学はいまだにないと言った。だから、既存のマルクス主義心理学の枠組みに迎合することなく、そして、単にマルクスの考えを受け売りすることなく、心理学を自らの手で作り上げていこうとした。彼は弁証法的唯物論を正しく継承した時、どういう心理学であると考えたのだろうか。もう一度、『経済学批判への序説』にある文章をみていこう。人間はまさに文字通りの意味でゾーン・ポリティコン（社会的動物）であり、それも単に社交的な動物であるだけでなく、社会の中だけで個別化されることのできる動物である。ヴィゴツキーはこういう視点で人間精神とその生成過程を考えた。人間は社会的なものに依拠しながらもまさに社会的活動を通して自らの精神を形成していくということである。それはまさにヴィゴツキーが「危機」の後で書かれた『歴史的・文化的精神発達の理論』（1930-31）で描こうとしたものである。

「危機」は必ずしも完成されたものでない。その意味では内容も論の展開も粗削りである。だが、そのような限界がありながらも、この後のヴィゴツキーの研究の骨格は全てこの「危機」にみることができる。

4 「心理学の科学」

ヴィゴツキーは、「心理学の危機の歴史的意味」の翌年、その要約版である「心理学の科学（The science of psychology）」（*Obshchustvennye nauki v SSSR, 1917–1927*, 1928）を書いている。内容としては「心理学の危機の歴史的意味」と重なるところが多いが、ロシアの心理学と当時の西欧における心理学の動きと関連づけながら論じているのが特徴である。ここではその英語版を使い、「心理学の危機の歴史的意味」ではふれなかったものを中心にみていく。

■ロシアと西欧の心理学

ロシアの心理学は十月革命前までは西欧、特にドイツの心理学との結びつきが強かった。1900年前後のドイツ系の心理学を代表するものにブレンターノの心理学があったが、それは個別の心理学ではなく、心理学の統一理論を目指すものだった。ブレンターノが1874年に出し、ロシア語版として1924年に出版された『経験的立場からの心理学』である。ヴィゴツキーはこのロシア語版を参考にして、ブレンターノの心理学を次のようにまとめている。ブレンターノは「統一した理論」を構築するためには、二つの心理学が必要だが、それが「精神構造学（psychognosis）」と「発生的心理学（genetic psychology）」である。精神世界はこの基本的に違う二つの方法によって明らかにできる

(p.87)。「精神構造学」はわれわれが心の中で直接経験していることを知覚するといういわば主観的なものに関わり、「発生的心理学」の方は心的現象を外から眺めることで客観的な分析をするものである。ブレンターノの心理学は主観と客観の二つで心を考えるという二分法的な発想で、この考えは他の心理学者にも受け継がれ、また革命前後のロシアの一部の心理学者たちに形而上学的な観念論心理学として影響を与えた。

ヴィゴツキーはこの論文でブレンターノの心理学について、これ以上詳しい説明はしていないが、細谷恒夫（1970）と、高橋澪子（1999/2016）を参考にしてブレンターノの研究を述べると、ブレンターノの「精神構造学」はわれわれが直接経験したことで作られた心的現象を知覚し、それを構成している要素を分析し、さらに法則を見つけて普遍的構造を記述していく「記述的心理学」である。もう一つの「発生的心理学」は、心的現象がどのようにして発生しているか、その継続と消滅を明らかにするもので、心的なものの因果法則を客観的に明らかにしようとするものである。

ヴィゴツキーがあえてここでブレンターノの心理学を取り上げているのは、ロシアの心理学にも少なからず、ドイツの心理学者たちがとっていた形而上学的な考えが影響を与えていたからであった。ドイツではシュテルンが心理学を多様性の統一としての人格学と経験的実証学の両方から考え、ナトルプは人間の認識を客観化と主観化の二つからみてゆき、さらにはディルタイが心理学の方法として体験と表現・理解の二つを分け、体験の方は記述的方法で、表現と理解は説明的方法であるとし、こうした考えがロシアの心理学に広がっていた。また革命前のロシアの心理学は、ドイツの形而上学的心理学だけでなく、イギリスの経験論心理学の影響も受けていた。イギリスの経験主義心理学としてヴィゴツキーがあげているのはマトヴェイ・トロイツキー（Troitskii, M.）のもので、イギリスのベーコン、ロックといった経験主義の考えをロシアに持ち込んでいた。あるいはニコライ・ロースキー（Losskii, N.）はヘルバルト主義的な表象による精神作用や主体的活動を重視していた。

このような動きとは違う自然主義的立場からの心理学的接近として、パブロフが登場する前の脳の生理学的振る舞いや随意的活動を神経システムとして論じるイワン・セチェノフ（Sechenov, I.）、唯物論的立場で実験心理学を行ったニコライ・ラング（Lange,N.）、動物学の立場から進化による人間発達を論じたウラジーミル・ヴァグネル（Vagner, V. A.）らがおり、自然科学的発想で人間心理を科学的に研究しようとした。ヴィゴツキーは「危機」でもラングの実験心理学をしばしば批判している。

もちろん、ロシアの心理学が自然科学的手法で一つになっていたわけではない。人間心理を経験による意識形成としてみていこうとするヴントの心理学の流れを汲んだチェルパーノフ、そしてセルゲイ・ネチャーエフ（Nechaev, S.）には、実験的方法を用いながらも、人間心理を生理学的なものだけに求めないで心的な主観的なものと身体や脳についての客観的事実の両方から考えていくという発想があった。それは経験による内的世界の形成という経験主義心理学であった。

結局、十月革命前後のロシアの心理学では、依然として形而上学的研究と自然科学的研究の二つの対立があった。先にみたドイツ形而上学の影響を受けたトロイツキー、ロースキーは人間心理を内的な経験とする形而上学的研究を重視していた。あるいは、人間の生の形式として人生の意味を宗教的な視点からみるセミヨン・フランク（Frank, S.）は、革命前夜に出した『人間の魂』で人間の心をヤヌスという多面的な視点からみていくべきだと唱えた。このような人たちは哲学的な視点から心理学を論じ、人間心理を身体的なものとは独自の理性的存在とするもので、それは心身二元論の立場でもあった。なかでも、フランク、ロースキー、そしてニコライ・ベルジャーエフ（Berdyaev, N.）は革命直後には唯物論に反対する思想家として国外追放になっている。

■唯物論的発想から人間の心理学研究へのシフト

パブロフによる条件反射理論はロシアにおける自然科学的心理学の発展の基礎を作ったものとされている。だが、パブロフの研究は世界的に知られてはいたが、革命前まではロシアの心理学にはほとんど影響を与えていなかった。この時期、心理学者は心的現象について研究し、生理学者は神経活動の研究をするというように、二つに分断されていた。だが、ロシア革命の中で条件反射の理論は心理科学にとって決定的な要因になっていく。この革命を挟んだ十年間で、パブロフの理論が大きく進んでいったことをパブロフ自身が『高次神経活動の客観的研究』（1923）の中の「動物の高次神経活動の客観的研究の20年間の実験」（1913）で述べている。そして、パブロフ理論が心理学研究にとって重要な意味を持つようになった大きな理由は、革命の考えとパブロフを基礎にした新しい心理学の理論とが密接に結びついたことである。革命はパブロフの理論を唯物論思想の道具として用い、そこに新しい心理学を取り込んでいった。

■精神技術学による実践的な応用学としての心理学

ヴィゴツキーは「心理学の科学」の最後の節で、ロシアの心理学の特徴として、観念論的な形而上学的研究や自然科学の発想とは違った第三のものを取り上げている。それは心理学を応用の科学とするもので、ソビエト政権では特にこの種の心理学が重用され、教育や労働の場面で盛んに利用された。その一つがヒューゴ・ミュンスターバーグの「精神技術学（psychotechnics）」である。これは「精神工学」とも言われたりした。

ヴィゴツキーは「心理学の危機の歴史的意味」、そして「心理学の科学」でミュンスターバーグの研究は人間の活動を統制し、また教育を技術として人を作り上げていこうとするもので、それは一種の自然科学的心理学であるとしている。ミュンスターバーグにとっては、心理学は人間心理を理解するものではなく、行動統制や教育的働きかけによる原因とその結果である効果の間の因果関係を説明するものであった。ミュンスターバーグは実践的な応用の学問として心理学を考え、それを「戦闘的観念論（militant idealism）」とも称した。実践的な産業の場で使えるものこそが、マルクス主義心理学だとしたのである。

革命後のソビエト連邦の下では、応用心理学はさまざまな分野で広がっていった。教育学ではこれまでの古い教育で言われてきた教師の伝達内容を生徒が憶えることが学習であるといった記憶中心とは違う、実践的な経験を重視する新しい教育システムが目指された。その中心にいたのがブロンスキーで、彼の1925年の『教育学原論』であった。ブロンスキーの他に、精神技術学を教育や労働の場に実践的心理学として広めていくことに与った人物にイサク・シュピールレイン（Shpilrein, I.）がいる。シュピールレインの名前から連想されるように、彼はユングとフロイトの下で精神分析学を学び、ロシアに戻ってからはロシアにおける精神分析運動を展開したザビーナ・シュピールレイン

(Shpilrein, S.) の弟である。

イサク・シュピールレインはドイツの大学に留学し、そこでミュンスターバーグらによって進められていた精神技術学を知ることになる。そこで、彼は革命後のロシアに戻って精神技術学による産業界や労働教育の場での実践と研究に取り組んでいる。革命後に成立したソビエト連邦では、工業化を目指してさまざまな労働の問題の解決のために精神技術学への実践面での期待が大きかった。実践的な側面が強い応用心理学としての精神技術学は自然科学的な発想が大きな動きとなっていた。学習や教育としては条件反射学との結びつきが強くなり、革命後のロシアの教育学や心理学では条件反射の考えは子どもの発達の原理に使われることがあった。

だが、ヴィゴツキーが言うように、精神技術学は機械的な発想の学問であった。それは心理学を真の科学として研究する「心理学の科学」にはならなかった。

■ヴィゴツキーにとっての「心理学の科学」とは

ヴィゴツキーがこれからの心理学、未来の心理学の理想としたのは、主体的な人間の創造とそのための学問であった。心理学が新しいタイプの人間を創り上げていく科学になっていくということである。ここで、新しいタイプの人間というのは、社会主義を真に実現していく人間であり、それはカール・カウツキー (Kautsky, K. J.)、そしてレフ・トロツキー (Trotsky, L. D) が言う主体的に自己の可能性を求め、社会や組織に埋没しない超人（スーパーマン）のことである。超人（スーパーマン）はニーチェに由来する言葉だが、社会主義の中でこのような人間を創っていく心理学を考えていこうというものである。

ヴィゴツキーは最後に、次のように述べている。この未来の心理学、この超人の理論と実践のための科学も名前だけは今の心理学と同じものかもしれないが、その内容は違っている。だからそれはスピノザが『エチカ』の中の壮麗な言葉で述べていたことと同じことで、星座のイヌは吠えるイヌと似ているかのように思ってしまうのである。このスピノザの言葉は「心理学の危機の歴史的意味」の最後の文章でもあるが、スピノザの言う星座のイヌは神の知性としてあるもので、実際に吠えるイヌとはただ名前が一致しているだけであり、われわれが目指そうとしている未来の心理学も理想となるべき星座のイヌでなければならない。しかしもちろん、今ある現実の心理学を変えて新しく創り出していくことでしか、未来の心理学は生まれてこない。

ヴィゴツキーが心理学のあるべき姿として、科学は超人を創り出していくべきだとしたトロツキーの言葉をあげた背景には、ヴィゴツキーのトロツキーに寄せる親近感がある。トロツキーの革命家としての人間観としてよく言われるのは、自然においても社会生活でも人間がこれらに能動的に関わっていくことで新しいものを生み出していく可能性を重視していたことである。だから、トロツキーは主観的なものと客観的なものの間の相互連関も問題にしていた。人間は単に物質に隷属しているだけではないという視点である。トロツキーが目指そうとしたのは、社会や共同体という既存の組織にがんじがらめに縛られることなく、それらとうまく調和しながら自らを成長、発達していく新しい個人を創り出していこうということであった。だが結局、トロツキーはスターリンによって抹殺された。トロツキーの思想についての説明は、桑野の『20世紀ロシア思想史』(2017) に詳しい。

5　人間心理の問題としての意識

ヴィゴツキーのノート・第7章「ザハリイノ療養所から」では、人間心理を意識の問題として位置づけていくことを論じている。彼が意識の問題を取り上げているのは、客観的な行動レベルだけで人間を論じてしまうのでは人間心理の本質に迫ることができないという「危機感」からであった。ヴィゴツキーには意識の問題を論じた「行動の心理学の問題としての意識」(1925) と、「心理と意識と無意識」(1930) がある。これらをみていこう。

■「行動の心理学の問題としての意識」

この論文のエピグラフには、マルクスの『資本論』の労働過程（第1巻・第3篇の第5章）の文章がある。「蜘蛛は、織匠の作業にも似た作業をする」に始まる文章である。マルクスは人間が労働の中で自然を変え、また同時に労働は自分自身も変えていくこと、そこに人間の労働の本質的特徴と意味があることを指摘している。蜘蛛は織匠と似たような蜘蛛糸を張るし、蜜蜂は作った蜜房の構造として建築師を赤面させる。だが、建築師は取り組む前に仕事の手順やでき上がっていく結果を頭の中に描いている。自己の中にある建物の見取図、あるいは仕事の手順を表象として立ち上げている。そしてこの表象によって自分の行動の仕方を決め、仕事の目的を実現している。人間は労働の中で経験として学び、同時に経験によって必要なことを表象として創り出していく。

ヴィゴツキーはここで、人間は仕事の過程から得た表象を主体的に使い、目的と意志を持って労働に向かっていく。それが人間の最大の特徴であり、人間は意識を持ちながら仕事を進めている。そこにはまさに、人間が持っている意識がある。ヴィゴツキーは人間心理を論じていくうえで意識の問題を外すことができないとした。

当時のロシアの心理学は複雑な心的活動を直接問うことはしないで、あくまでも条件反射とその条件反応というきわめて小さな単位で人間の行動を説明していたが、ヴィゴツキーはこれでは意識の問題を解いていくことはできないとした。意識の主要な対象は、自己意識や他者意識についての認識、思考・感情・意志、さらには無意識の問題である。

■意識──「二重化された経験」と意識の生成原理

それでは、ヴィゴツキーは人間行動の本質にある意識をどう論ずべきだとしたのだろうか。人間は生き、そして働いている具体的な活動から何を自己のものとして得ているのだろうか。あるいはそこでどういう意識が生まれているのだろうか。このヒントになっているのがマルクスの思想だった。それはとりもなおさず、マルクスが重視した労働であった。エピグラフの、蜘蛛や蜜蜂は本能に従って決まった適応反応をするだけなのに対して、人間は労働では能動的な形で活動を展開しているというマルクスの文章に対して、ヴィゴツキーはこう述べる。「このマルクスによるまったく議論する余地がない説明というのは、人間の労働は『経験の二重化（doubling of experience）』以外の何ものでもないということである。手の動作や材料を作り変えていく中で行ったものを労働者は動作や材料モデルとして想像をしながら仕事をしていく。このような『二重化された経験（doubled experience)』が、人間ならではの能動的な適応形態を発達させている」(英文 p.68)。

まさに労働が人間の行動の基本にあるもの、意識であり、意志と呼んでいるものを発達させる。こうなると、人間行動の基本的な形式としては、この「二重化された経験」に加えて、その背景にある歴史的経験、社会的経験を考えていくこととなる。そして、これらをどのように関連づけていくかが問題である。実は、ヴィゴツキーは、この論文ではこれ以上の考察は行っていない。それは数年後の『文化的・歴史的精神発達の理論』に引き継がれている。その意味で、彼の歴史・文化的理論の出発はこの論文にあった。

■脳におけるシステム連関と意識

ヴィゴツキーはこの論文の後半では、神経系の活動の協応から意識が生まれていること、そして逆に意識活動によって神経間の調整と制御が可能になっていることを中心に議論をしている。いわば脳神経科学の生理学から意識の問題への接近である。ヴィゴツキーによれば、ロシアでは条件反射学が大きな影響を与えていた中で、これと人間意識とをどう折り合いをつけていくかという問題があった。

ヴィゴツキーは人間の意識作用はニューロンレベル間の協働や伝播、中継によって行われるものだと言う。われわれが意識すること、あるいは一つの言葉から別の言葉を連想するといったことも、ヴィゴツキーはある系の反射を他の系の反射へ翻訳していくことだと考えた。彼は意識を次のように言い、またそれは解決されなければならないことだとした。つまり、「それは複数の反射系の相互作用、相互影響、相互刺激である。意識されているものは他の系に刺激として伝達され、反応を呼び起こす。意識とは常に一つのエコーであり、一つの反応装置である」(英文 p.72)。

ヴィゴツキーはこの論文では反射という言葉を使って神経系のニューロン活動を述べている。ここでは反射という言葉で表現するのは正確ではないが、あえて彼がこの言葉にこだわっているのは、条件反射で起きていることにも意識の問題が含まれていることを強調したいためであった。

そして、この論文の後半では、人間の場合には神経生理学レベルで行われていた反射の分化や統合、制御を発声器官と言葉を使って行っていると指摘している。このようにヴィゴツキーは、反射で起きている相互作用が人間の場合は言葉による応答、つまり聞こえた言葉、話された言葉による可逆的反射になっていると指摘していて、もはや条件反射の話ではなく、言語活動が社会的活動と意識の生成の源を作り出しているという議論になっている。

この問題はヴィゴツキーの意識論へとつながるものだが、その後、彼はこの種の神経生理学的な反射間の相互作用については議論しなくなる。

■弁証法的心理学の可能性――論文「心理と意識と無意識」

ヴィゴツキーは科学的心理学として成立していくためには、人間の意識を正しく研究の対象にすべきであること、そして意識研究には心理的側面と生理的な側面の両方を統合することが必要であるとも言う。それが、彼が書いた「心理と意識と無意識」(1930) である。

ヴィゴツキーは、これまで人間心理を論じてきた研究では、心理、意識、無意識についてそれぞれ独立に別個の概念を出してきたと言う。個人の体験を直接自覚していくことで心を捉えるような了解心理学や精神世界を記述するいわゆる記述心理学があった。フロイトの精神分析では、意識は無意識から発現したものであるとして、心理現象そのものを直接問うことはなかった。あるいは、パブロフは、人間の心的生活を無視して行動を客観的・生理学的に研究してしまった。

ヴィゴツキーはこれらの三つの人間心理に関する研究はいずれも誤った形で問題を提起しており、このような研究の限界を超えていくためには弁証法的心理学の考えが必要だとした。ここで彼が強調しているのは、心理的過程と生理的過程とを別個のものとか、同一のものとはしないということである。ヴィゴツキーの言葉である。「われわれは主観的側面と客観的側面の両方によって同時に特徴づけていく、統合された過程を研究しなければならない」(英文 p.113)。弁証法的心理学は心理過程と生理学的過程とを決して混同しないで、心理を他のものには還元できない「独自な心理学的・生理学的統一の過程(unique psycho-physiological unitary processes)」として考えるということである。

このように心理学を弁証法的過程とした時、これまでの心理学の問題点がより明確になってくる。一つのもので他のものを同じとしてしまう間違いを、マルクスは『資本論』で次のように警告していた。「もし事物の現象形態と本質とが直接に一致するものならばおよそ科学は余計なものであろう」(第3部・『マルクス・エンゲルス全集』第25巻、邦訳 p.1047)。

ヴィゴツキーは心理を現実の生活の中で起きている行為として表れる心理現象やもろもろのものを含んだ「複合的な複雑な過程(compound complex process)」(英文 p.119)であるとした。そしてこの心理過程は「行動の統一的な過程の内部」で（英文 p.115）、適応的な行動としての機能を担っている。そうなると、フロイトが考えるように意識が心理過程の全部をカバーしているわけではないし、無意識にしても意識や行動のすべてのレベルに影響を与えることはなく、まずは無意識と意識、心理的行動を区別しておき、違うのだからそれらが統合されるものとして扱うべきである。

この統合されながら活動していく過程が人間心理であって、このように論じていくのがヴィゴツキーの言う弁証法的心理学ということである。ヴィゴツキーが人間心理を「複合的な複雑な過程」としてみていく考えは、この後でみる彼の「心理システム論」につながっていく。

V　心理システム論と人間の具体心理学

ヴィゴツキーが人間心理を説明するための基本的な枠組みとしたのが、心理システム論である。彼は複数の多様なものが一つに吸収されることなく、それらが相互に関連し合う過程として人間の心理的活動があるとした。人間心理をシステムとしてみるという発想である。システム論の背景にある考えを、ヴィゴツキーはノートの第10章「概念とシステム的接近」でまとめている。彼のシステム論による具体的な説明は「人間の具体心理学」と『思春期の心理学』で論じられている。

1 「心理システムについて」

「心理システムについて」(1930) は、モスクワ国立大学神経病クリニックで1930年10月9日に行った報告を論文にしたものである。これには柴田義松・宮坂琇子と伊藤美和子・神谷栄司他の二つの邦訳と英語訳がある。伊藤・神谷他の方は、元が講演記録ということもあって会話体で邦訳されている。

冒頭、彼は発達の形成と、その機能の崩壊という両面から検討し、人間精神は複数の機能の間の連関で形成されていること、そしてこの連関が壊れた時に障害が生じてくるとした。

ヴィゴツキーは、人間の精神活動やその発達変化は次のように考えるべきだと言う。「変化と修正は機能間の関係、結びつきで起こるものである。前の段階では見られなかった新しい組み合わせが生まれている。だからある段階から次の段階へと移行していくことは本質的には機能内変化 (intra-functional change) ではない。大事なことは、それは諸機能間の変化 (inter-functional changes)、機能間の結合、機能間の構造の変化である。このような機能間の新しい柔軟な関係が発生することを心理システムと呼ぼう」(英文 p.92)。彼のシステム論の定義である。

彼は随所で人間精神の生成と発達を心理システムの考えで説明している。たとえば、言語操作の発達から精神発達を論じた「子どもによる道具と記号 (言語) 操作の発達」(1930) でも、機能間の新しい結合によって発達は実現していると言う。彼の発言である。「子どもの精神発達の過程において個々の機能の内的改造や完成が生じるだけでなく、根本的に機能間の結合や関係が変化するということを研究は示している。その結果、一連の個々の要素的機能を複雑な協同へと結びつけ、新しい心理体系が発生する。この心理体系、同質の個別的・要素的機能の代わりをするこの高次の次元の統一体を、われわれは仮に高次精神機能と呼ぶ」(邦訳 p.234)。

ヴィゴツキーは、人間の精神活動とその生成を一貫してシステム論の発想で説明している。彼の発達論の根幹である。これだけ重要な意味を持っている「心理システムについて」も、机の引き出しにしまわれたままになっていたが、後に発見されロシア語版著作集の第1巻(1982)に収められた。

■「心理システム」からみた人間の精神

彼は、冒頭で心理システムについての基本的な考えを述べた後、システム的連関が人間の精神活動にどのように機能しているかを具体例をあげて説明している。感覚と運動の二つの過程とその統一では、人の感覚と運動は基本的にはそれぞれ独立してはいるが、それらは決してばらばらな動きはしていない。分化と統合の二つの複雑な機能的連関であり、まさにシステムとして統合されている。このシステムが壊れる一種の病理的現象が起きた時、異常な身体感覚になってしまう。

ヴィゴツキーが知覚の崩壊としてあげているのが「ペッツル症候群」である。ヴィゴツキーはこの内容を詳しく説明していないが、これがどういうものかは脳神経科学者のオリヴァー・サックス(Sacks, O.)から知ることができる。サックスは、『左足をとりもどすまで』(1984)の中で、自分が感じた左足への異常な感覚を述べている。彼は登山で滑落事故を起こし、左足の大腿四頭筋腱断裂の重傷を負い、足の筋肉神経の障害を受けてしまった。彼はしばらく足にギブスをはめた生活を送っていたために、左足の運動機能が奪われ、自分の左足がまったく自分のものと感じられなくなるという感覚の異常を経験する。足が無機的な物体となってしまったかのような疎外感である。ギブスを外す時にも、自分の足そのものが外れるように感じた。その後、時間をかけて彼は自分の足の感覚と運動感覚を回復していくが、サックスは自分の経験がまさに、オーストリアの精神科医であるオットー・ペッツル（Pötzl, O.）の言う症候そのものであったことに気づく。

ヴィゴツキーが次にあげているのは、記憶の外的補助手段とその機能についてである。心理システムの働きは、これまでなかった記憶の補助手段という機能が加わることで新しい精神活動が生まれてくる。そしてこのような変化は決して機械的な形でもたらされるのではなく、個人レベルでは精神間、社会的関係の中において、機能間の結合を求める意志による意識レベルで起きている。たとえば、記憶の補助手段を子どもが意識して使う例として、ヴィゴツキーは弟子のレオニード・ザンコフ（Zankov, L. V.）の研究をあげている。記憶の補助手段になる絵カードを使うことは、記憶そのものの活動だけでなく、そこに想像力や単語とカードとの類似点を見つけようとする意志が加わることで、複数の異なった機能間の連関が起きてくる。同じように、レオンチェフが行った記憶の補助手段を子どもがどう使っていくか、その発達的変化をみた研究でも、子どもは絵カードと憶えるべき単語とを自発的に結びつけながら憶えていくようになる。ここでも主体が自発的に記憶のための媒介手段のカードを使用していこうという意識が生まれることが必要で、そこから機能間の再編成が起きる。

精神の機能間の連関という心理システムの再編が起きるためには、子どもの内面で起きている意識変化が不可欠である。ヴィゴツキーは最晩年になっても機能間の連関にはその意識的な使用が必要であることを強調している。それが『子どもの知的発達と教授』にある「知恵遅れの問題（1934）」の論文である。ここで、彼は次のように指摘している。古い心理学では、心理機能を単一に働くものとみなしていた。意識も心理的な諸機能とは独立していて、いわば一般的な心理的生成装置（psychological multiplier）として扱っていた。だが、今日の心理学では、機能間の関連や関係の可変性、そして諸機能間の新しい相互関係の発生による意識体系の再構造化が、正常児のみならず異常児のすべての精神発達の主要な基本になっている（英文 p.239）。

■心理システムによる精神間機能から精神内機能への移行

ヴィゴツキーは、人間精神の形成過程をシステム的再編の視点から具体的に論じることができるとした。それが精神間機能から精神内機能への移行である。社会的、集団的な中で起きている行動の集団的形態である精神間の出来事は、個人の内的過程の諸機能間の結合と再編による精神内変化という人間精神の形成と発達へと進んでいく。精神間から精神内への移行という考えは、フランスの精神科医ピエール・ジャネ（Janet, P.）の「文化的発達の一般的発生法則」を参考にしたものである。

ヴィゴツキーにとって、この精神間機能から精神内機能への移行という考えは、彼の発達の理論の根幹となっている。彼が『文化的・歴史的精神発達の理論』で論じている道具を媒介にした精神活動も、新しい機能が加わっていくことによるシステムの変換である。『思考と言語』では言語発達は基本的には社会的活動の主な手段、つまり精神間活動としてあった言葉が自己の内部へ移行していくことで自分の言葉と思考として精神内で働くものとなっていくと述べ、それは心理システムにおける改変による精神の生成と変化である。

ヴィゴツキーが心理システム論としてもう一つ重要な指摘をしているのは、心理システムは人間精神の背景にある社会・文化的な大きな枠組みの中で起きていることである。具体的な例として、リュシアン・レヴィ＝ブリュール（Lévy-Bruhl, L.）が報告した南アフリカのカフィル人の夢についての特異な語りがある。カフィル人は物事の判断をしなければならない時に、自分の見た夢をお告げとして使っている。この時の夢の働きは、まさに外部から与えられる機能的連関として働き、それが思考の展開を方向づけている。たしかに、この種のものは夢の特殊な使い方かもしれないが、実はこのようなことはわれわれがおまじないを信じ、事の判断をくじに任せることをしているのと類似している。これも一種の機能的連関である。しかも、カフィル人の夢の働きは、単に個人的な無意識の願望といったものではなく、彼らの文化や社会的な規範、イデオロギーとしてのメッセージの枠組みの中で起きている。

そうなると、ここで議論している心理システムとしての機能的連関という心理的メカニズムは、一定のイデオロギー的意味やそのシステムを背景に持っていることになる。だから、ヴィゴツキーは、心理システムは社会・文化的な枠組みの中でその機能を果たしていると言う。彼の人間精神の歴史・文化的接近という基本的な考え方がここでもとられているが、これはマルクスの『ドイツ・イデオロギー』の考えを参考にしたものでもある。

なお、レヴィ＝ブリュールが報告したカフィル人の夢については、「人間の具体心理学」でも詳しく取り上げている。ヴィゴツキーは、ここではレヴィ＝ブリュールについてはカフィル人の夢についての研究を取り上げているだけだが、レヴィ＝ブリュールはカフィル民族だけでなく、オーストラリア、北アメリカなどの多くの先住民についての人類学研究を手掛け、また哲学、社会学といった広い分野に関わる仕事をしている。その一部は『未開社会の思惟』(1910) や、『原始神話学』(1935) に述べられている。

■システム論としての概念と概念の形成

ヴィゴツキーは、概念は抽象的、一般的な内容だけでなく、個別的、具体的な対象も同時に含んださまざまなレベルのものが複合した心理システムとみている。概念形成も、概念を構成しているこれらの諸機能の連関に方向づけられている。この発想は、これまでの形式論理学によるものとは違ったものである。形式論理学では、概念は低次の個別・具体の対象的特徴からそれらを取り除いた一般的で、高次の抽象的内容へと形を変えていくとした。だが、概念というのは形式的に形骸化され貧弱になってしまった内容ではなくて、個別的な対象を含みつつそれに対する豊かな知識も同時に与えるものこそが本来の概念の姿である。その研究は形式的論理学と対置される弁証法的論理学で可能になる。

そこでヴィゴツキーが参考にしたのが、レーニンの『哲学ノート』(1929) で、特にヘーゲルの概念論について述べているところである。「心理システムについて」では、単にレーニンがヘーゲルの概念について批評しているを書いているだけだが、実はヴィゴツキーはレーニンの『哲学ノート』を詳細に検討し、参考にしている。このことは、この後のヴィゴツキーのノート第10章の「概念とシステム的接近」でみていく。

■精神の病と脳の障害を心理システム論から考える

ヴィゴツキーは、人間精神の崩壊という現象も心理システム論から説明ができると言う。たとえば、統合失調症やヒステリーといった精神症状、あるいは脳の損傷によって生じた失語症や概念的思考の障害も、システム的統合の問題である。統合失調症の場合は心理システムとして全体を調整する働きが弱くなって、感情面で下位にあったものが出てしまったためである。あるいはヒステリー症状も同じように、プリミティブな生活様式が前面に出てきたことによる。このような説明は、主にドイツの精神医学者のエルンスト・クレッチマー（Kretschmer, E.）の考えに基づくもので、精神の異常だけでなく、思春期の青年の感情鈍麻も同じように、行動を統制していくシステム的制御が弱くなり、問題が生じたためであるとしている。「心理システムについて」では、精神障害や思春期特有の心の問題については詳しく論じていないが、彼のノートの第10章ではクレッチマーの考えに基づいて心理システムの機能連関の問題として論じている。

ヴィゴツキーは、脳の損傷による精神機能の問題も心理システムとして論じている。大脳の損傷によって言語中枢が壊れてシンボル機能による抽象的な理解ができなくなった症例を研究したクルト・ゴルトシュタイン（Goldstein, K.）は、カテゴリーを認識・構成して行動するための態度の全体が障害されているとして、脳の機能の全体論を主張している。たしかにこの患者は、自分の鼻をつまむように言われ、敬礼の動作をすることが求められると正しく運動動作で応えるが、これらの動作を他人にするように言葉で伝えてほしいと求めるとそれができない。言語中枢が壊れているために、シンボル機能による抽象的な理解ができなくなっているという説明である。

ヴィゴツキーはこの現象はゴルトシュタインのような脳機能の全体論的発想では説明できず、むしろそれは、機能間の連関から起きているとした。この患者は求められた動作はできるのに、その動作をするように相手に言葉で伝えることができないのは、心理機能間のズレが起きているためである。彼は、「脳の精神過程の実体となるのは個々のばらばらの活動領域ではなく、脳の器官全体の複合システムである」（邦訳 p.33）と言う。この「複合システム」という表現は、まさに心理システム論である。ヴィゴツキーの考えは心理学研究所の同僚であったルリヤにも受け継がれ、全体論でも局在論でもない、脳は個々の脳の機能が連関して一つのまとまった働きをしているという「体系的力動的局在論」に発展している。ゴルトシュタインとは違った解釈として、ルリヤが扱った失語症の患者の症例をまとめた『失われた世界――脳損傷者の手記』(1971) がある。

この患者は戦争で大脳の左半球に銃弾を受け、失語症になり、記憶の障害と言語理解に多大な支障を来し、また抽象的な思考活動も大きなハンディを負っていた。しかし、彼は残された想像力や感情移入の能力を使って自己の人生の手記をまとめている。抽象的な範疇的な思考能力を失った人は知的活動ができなくなるのではなく、この患者・ザシェツキーも世界をきちんと理解し、また知性も決して断片化されていなかった。まさに残された機能の連関によって、知的活動をすることが可能になっていた。

2 「人間の具体心理学」

ヴィゴツキーが人間の現実の社会の中で起きている諸行動をシステムとして論じた「人間の具体心理学」(1929) をみていこう。「人間の具体心理学」では、彼は人間の具体的な活動とその振る舞いは他者、そして自分たちの周りにある社会的なものとのシステム的連関としてあると言う。

邦訳には、柴田他の訳と土井他の訳の二つがある。英語訳にはA. A. Puzyrei (1989) Concrete human psychology. *Journal Soviet psychology, 27*, 2, pp.53-77. がある。

「人間の具体心理学」は、メモの形で書かれているために、真意が正確に把握しにくいところがあるものの、この後の『文化的・歴史的精神発達の理論』、そして『情動の理論』の内容とも深く関わっている。特に、ヴィゴツキーが後半期から重視するようになった情動や人格の問題は、人間心理を具体性のレベルで論じたものである。

■社会的存在と主体化の過程

「人間の具体心理学」でヴィゴツキーが人間発達を論じていくうえで基本としたのは、人間は社会的存在でありながらも、社会的なものにすべて還元されない主体の独自性があるということである。そこで人間を具体のレベルで論じなければならない。

彼はこの論文で、マルクスとエンゲルスが『ドイツ・イデオロギー』の中の「フォイエルバッハの第六テーゼ」や、『経済学批判要綱』で、人間は社会的関係の存在であり、社会は諸個人の間のもろもろの関係、間柄の総和の表現であるとしていることを、次のように読み直している。「マルクスのパラフレーズ――人間の心理学的本性は、内面に移され、人格の機能とその構造の形態となった社会的諸関係の総体である。マルクス――類としての人間（つまり、人間の種としての本質）、ここでは個人についてのこと」(英文 p.59)。ヴィゴツキーはマルクスの命題には自分の言うような意味が含まれてはいないと断りながらも、マルクスには人間の文化的発達についての基本的メッセージが込められていると言う。

ヴィゴツキーは人間の内面への移行の問題をさらに詳しく述べていくが、その時使っているのがジャネの「文化的発達の一般的発生法則」による精神間から精神内への移行であり、ヘーゲルの『精神現象学』における意識の変化、つまり即自、対他、対自の段階を経て対象を客観的な形で認識していく変化過程である。このことを彼は次ページの図で表している（図1）。媒介手段としての道具は心理過程の中で記号として機能していく。

図式Ⅰは、いわゆる「ヴィゴツキーの三角形」で、主体は道具を媒介にして客体である物的対象と関わっている。媒介手段である道具は記号としての働きを持つようになると、図式Ⅱのように、二人のS_1、S_2の間で記号の意味を共有していく。さらに、図式Ⅲでは、個人の内的世界で自己刺激としての記号は、脳の中で私S_1と新しい信号的結合を媒介する働きを始めていく。それでは、どのように図式Ⅰから図式Ⅲへとなっていくのだろうか。

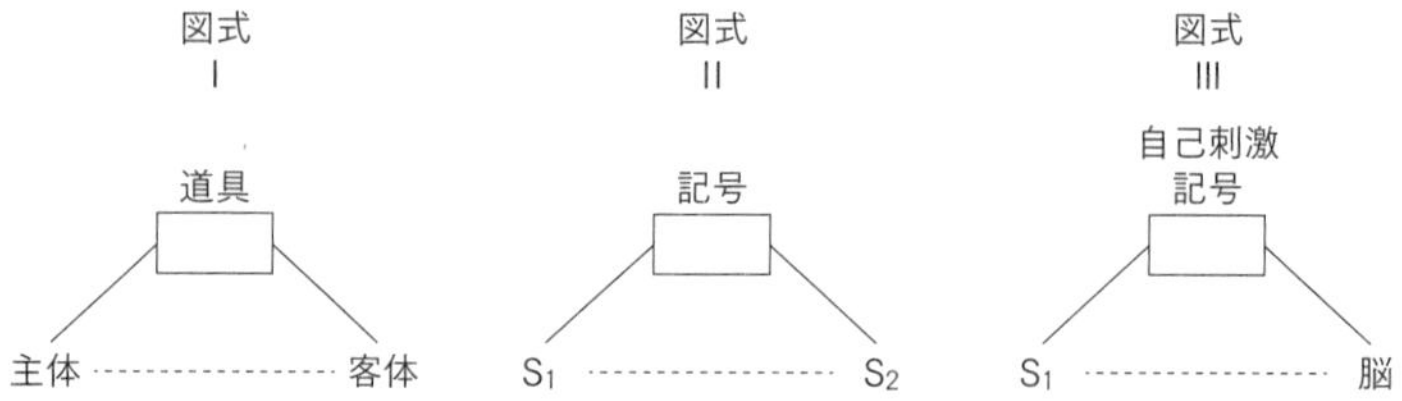

図1　媒介の道具から記号、そして自己刺激としての記号へ
（「人間の具体心理学」）

図式Ｉは、道具を使って客体である対象に働きかけることで対象を加工していく。ここでは主体は道具や対象に向き合っている状況で、あくまでもそれは個人の活動である。この過程はヘーゲルの言う主観的な即自の段階から対他への変化でもある。

そして、図式Ⅱでは、S_1とS_2が二人の人間である場合には、二人が一つの状況の中で行為を共有することで行為から意味が生まれてくる。対他による客観的な表現による共有である。この時には二人は道具ではなく、行為の結果から生まれた意味として記号を共通に持つことになる。具体的な状況の中で行われる行為から記号へと変化していくこととその意味の共有である。図式Ⅲではさらに、記号が自己の内的過程と脳の活動を制御する働きをもつ。

ヴィゴツキーは、図式Ⅱの記号化の過程を次のような具体的な例をあげて説明している（図2）。ヴィゴツキーの『文化的・歴史的精神発達の理論』でも述べられている逸話だが、探検家のアルセーニエフが極東のウスリー地方を調査していた時、この地に住むウデへの住民たちが中国人の李太官（リー・タンクイ）から迫害を受けていることをウラジオストックのロシア当局に伝えてほしいと頼まれた。この時、一人の老人（S_1）がアルセーニエフ（S_2）に山猫の爪（記号）を渡し、私たちの頼み

（O）を忘れないよう、ポケットに入れておくようにと言った。記憶の手段としての山猫の爪が、二人に共通の記号的媒介手段になっているというわけである。この逸話はウラジーミル・アルセーニエフ（Arsenev, V. K.）が書いた『ウスリー地方にそって』(1921. 邦題、『シベリアの密林を行く』）の最後の章「最後の道のり」に書かれている。ヴィゴツキーはこの1921年に出版されたものを読み、使っている。

図式Ⅱでは、記号は人と人をつなぐ社会的関係を担っているが、図式ⅡのS_1とS_2が一人の人間の場合には、記号は同じ状況の中で対象に働きかけるという行為が記憶になり、言語的記号としての意味を持つようになる。道具と客体としての対象は物質世界ではなく、心理的世界へと変わっていく。この図式Ⅱの場合には、記号として他者とも共有可能になっている。この時、客観的な世界に自己の主体的な活動も関わっていることが自覚されるという意味で、ヘーゲルの対自の過程でもある。主体は社会的な存在でもあり、またそこに個人の主体としての関わりが内包している。

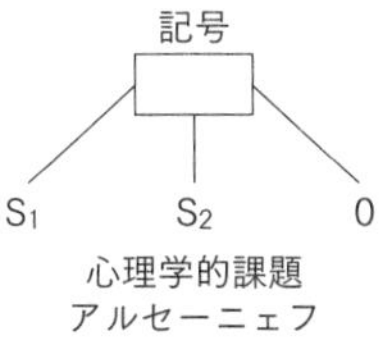

図2　記号としての道具と記憶の共有化
（「人間の具体心理学」を改変）

■心理システムとしてのドラマ

ヴィゴツキーがこの「人間の具体心理学」で特に指摘しているのは、人間の心理を問題にしていく時には個人の活動と、そこで展開されている心理過程に焦点を当てなければ人間の本質を捉えることはできないということである。いわば心理学を人間化していくことであり、その手がかりをフランスの哲学者・ジョルジュ・ポリッツエル（Politzer, G.）の言うドラマや人格として人間をトータルにみていこうという考えに求めた。

ヴィゴツキーは具体的な生活の中で展開される人間の営みと意識世界をドラマと呼び、さまざまな出来事とそれらが相互に関連し合う動きとして生じてくる「こと」や「さま」をその発生の地点にまで戻って具体の姿として捉えようとした。人間は現実の社会では予想しない出来事に遭遇し、その中で心理的な葛藤に悩むこともある。彼はそれを内面世界で起きているドラマと言ったが、ここでも心理システムの現象が表れている。

彼が人間精神を語る場合、具体性のレベルで議論すべきだとした姿勢は、彼の最初期の『芸術心理学』にも既に表れていた。彼は、ハムレットの作品を題材にしながらこの作品に込められている主人公たちの情動について語り、またこの作品を読み、また演劇として鑑賞する観客が抱く情動的反応を問題にした。ここには「人間の具体心理学」で問題にしていたことが既に内包されていた。だから彼は演劇を大事にした。

ここで、ポリッツエルとヴィゴツキーが言うドラマの考えについて確認しておこう。二人の言うドラマは同じではなく、微妙な違いがある。ポリッツエルはドラマという概念で個人の全体的な生活を論じるという、いわば一人称的視点を重視するが、これに対してヴィゴツキーは一人称的な個人の心理世界と、個人が身を置いている社会的な場を切り離してみていくことはできないとして、三人称的世界の視点を同時に考慮している。いわば主観的なものと客観的なものとの間の相互作用であり、またそこで起きる対立・葛藤も視野に入れたものである。

このことを、ヴィゴツキーは一つの架空の話を例にしながら説明している。罪を犯した妻を夫の判事が法廷で裁かなければならないという状況では、判事は社会的立場で職業的ヒエラルキーの中で思考を優先させることと、妻の夫というヒエラルキーの中で情動を優先させるべきという二つの間で衝突が起きている。まさにそれは複数の心理システム間の矛盾と衝突であり、これがドラマである。ここに、ポリツエルの一人称の世界を中心にしたものとの違いがある。ポリツエルについてヴィゴツキーは、この後のノート（第10章「概念とシステム的接近」）でも詳しく述べている。

3　システム論的発想の背景にあるもの

ヴィゴツキーの心理システム論の背景にはどのような考えがあったのだろうか。それが述べられているのが、ヴィゴツキーのノートの第10章「概念とシステム的接近」(Concepts and the systemic approach, pp.129-154) である。

■異質なものの間の機能的連関

ノートの後半分にある「システムについて」を先にみていこう。心理システム論では、人間精神には複数の異なった機能が連関していることが前提になっていた。ヴィゴツキーが主張するのは、一つの要因や現象だけで説明を完結してはいけないということである。彼は、ゲシュタルト心理学のレヴィンが『パーソナリティの力学説』(1935) で「アリストテレス的考え方とガリレオ的考え方との抗争」について述べていることを使ってこのことを説明している。レヴィンの説明を簡単に言うと、現象として表面にあるものだけに注目しないで、その背後にあって、現象を形作っている発生的なものや、その機能として働いている面に目を向けていくべきだということである。このように、ヴィゴツキーは複数の視点でものをみていくことを重視した。

ヴィゴツキーは機能主義心理学についても、人間の機能を固定的に捉えてしまっていると批判する。

機能主義心理学にはウイリアム・ジェイムズやジョン・デューイ（Dewey, J.）の思想などがあるが、発達と教育を機能主義の立場から論じたエドゥアール・クラパレード（Claparéde, E.）の研究を取り上げている。機能主義心理学を簡単に言えば、環境に適応していこうとする目的のために行為があるというものである。発達で言えば、その目的、目指すものは環境への適応であり、それをいかに実現していくかということだが、ヴィゴツキーがクラパレードを批判するのは、クラパレードは目的とそのためにとるべき行為とを固定的な関係としてしまっていることである。目的とそのためのものとしてどのような行為があるかは決まってはいないのである。

さらに、ヴィゴツキーは、心理システムに新しい機能として言語が加わることで人間の発達に大きな変化が起きていることを、チンパンジーの場合と比較しながら述べている。チンパンジーの場合は言語を使って問題解決をしないために、彼らの思考は視覚的な状況や構造に支配されている。これに対してヴィゴツキーが子どもの問題解決の仕方をみてみると、子どもはどういうことをしたらよいか、計画を言葉で考える。あるいは棒を使ってどのように果物を取るか、その方法を言葉で考えるという行動をとっている。言語という新しい機能がそこに加わることによる変化であり、外的手段である言語を内的手段へと変えていく機能的連関が子どもの行動を変えていたのである。このことは、『文化的・歴史的精神発達の理論』でも取り上げている。

記憶の発達について、記憶の補助手段を使用していくというシステム的変換によって起きていることをアレクセイ・レオンチェフとの共同研究の実験で明らかにしている。子どもの記憶の活動とその構造は記憶の補助手段になっている絵カードを使用することで変化が起きているが、それを可能にするのは絵カードという外的な媒介手段が新たに加わることで、システム的変換、つまり記憶の活動とその構造に変化をもたらしたからである。

だが、この研究では、単に記憶の補助手段を与えただけでは効果はなく、子どもが絵カードを自分の記憶過程を制御していく手段（道具、媒介）として利用していくことに気づくような手がかりを与えることが必要であった。たとえば、劇場という単語を憶える時、カニについての物語を聞くと、カニの絵カードを媒介手段として使い、カニの生活している様子を劇場と同じようなものとして結びつけるようになるというわけである。子どもはある年齢になると記憶の補助手段を自発的に使うようになるが、そこに至るまでの過程には主体が自発的にそれを媒介手段として使用していこうとする意識の発達が必要である。その発達変化を、実験的な場面では意図的に促すようなことを行って、時間を短縮してみている。

このように、人間の高次精神機能の発達は、外的な媒介手段が加わることによる機能間の結合の変化により可能になるが、この機能間の変化を起こすためには、単に外部に別の機能があるだけでなく、主体が自発的にそれを媒介手段として使用していこうとする意識が必要である。この研究はレオンチェフの『記憶の発達』(1931) にまとめられ、『思春期の心理学』の第3章「思春期における高次精神機能の発達」、『文化的・歴史的精神発達の理論』の第8章「注意の習得」でもふれられている。

■意志的行動を規定している心理的システム

ノートの前半部分では、ヴィゴツキーは人間の意志の問題を心理システムとして論じ、意志の発達とその減退の問題をシステムの変容としてみている。思春期の不安定な感情は必要な心理システムが形成されていく途上で起きるが、これに対して統合失調症は逆に、でき上がっていた心理システムの一部が崩れてしまい、前にあった下位の機能であるプリミティブな生活様式が前面に出てきてしまうことによるという。両者は心理システムの動きが逆方向に働いているわけである（「心理システムについて」邦訳 p.27）。彼は「心理システムについて」では思春期の高次精神機能については詳しくは論じていないが、このノートでは、思春期の意欲の減退の問題を論じたエルンスト・クレッチマーの考えに注目しながら、心理システムの機能連関の問題として述べている。

コラム「人間の意志の問題（Concepts and volition）」

（ヴィゴツキーのノート第10章 Concepts and the systemic approach から。pp.129–130）

意欲の減退は、青年期にも、そして大人にも現れるが、それは目的を喪失して、目的達成のために必要な行動を制御していくことが弱くなって生じるもので、ヴィゴツキーはまさにこれは心理システムの結合が弱くなったことを意味するとしている。ヒステリーの場合も自分の行動のシステム的制御が弱くなって、内的防衛という形で自分の世界に閉じこもってしまったためである。ヴィゴツキーはクレッチマーの「意欲の減退」を「軽少意志」や「下層意志」という言葉で表現している。

ヴィゴツキーは、さらに、子どもが自分の希望通りのことがかなえられない時にしばしばみせる床に寝転んで抵抗し、泣き叫ぶといった「1歳の危機」や、幼児が赤ちゃん返りをして幼い段階に逆戻りをして夜尿をしてしまうなどの「3歳の危機」を取り上げて、それは「下層」の意志が発現してしまうことによるためだと説明している。ヴィゴツキーがあえて「下層」という表現を使っていることからもわかるように、心理システムとして複数の層が子どもの意志的世界を支配していて、時には心理システムとして「下層」にあったものが行動に発現してしまったということである。このように、ヴィゴツキーは人間精神を複数の層構造とみて、これら多重の層がシステム的に連関しながら機能していると捉えている。

このノートで彼が指摘していることは『思春期の心理学』の第3章「思春期の高次精神機能の発達」でも取り上げられている。このノートでふれているクレッチマーの事例は『医学的心理学』(1927)と、『ヒステリーの心理』(1928)にある「意欲の減退(hypobulic)」とヒステリー症状であるが、「思春期の高次精神機能の発達」で言及しているのは『医学的心理学』の第7章と第8章の下層知性機制と下層意識機制の部分である。

クレッチマーは心理学では性格の類型論として知られているが、彼のヒステリーについての著書(邦訳『ヒステリーの心理』)はジャネ、フロイトと並ぶ三大名著とされており、優れた精神医学者であった。

■心理システムによる概念形成——レーニンの形式と内容の弁証法

ヴィゴツキーのノートの第10章「概念とシステム的接近」の前半では、概念形成を心理システムとして論じている。ここで彼が理論的な検討の対象にしたのは、ウラジーミル・レーニンの『哲学ノート』（1929）である。ヴィゴツキーは心理システムとしての概念とその形成を論じていく時にレーニンの形式と内容の弁証法の考えを参考にしている。ヴィゴツキーはレーニンの『哲学ノート』をどう読んでいたのだろうか。レーニンのこの著書は、まさにヴィゴツキーがこのノートを書いている同じ時期に出されたものである。

はじめに、ヴィゴツキーがどのように概念の問題をシステムとして論じようとしていたのか、ノートの「概念形成の問題」で述べていることをみていこう。

コラム 「概念形成の問題（On the question of concept formation）」

（ヴィゴツキーのノート第10章 Concepts and the systemic approach から。pp.130–132）

ヴィゴツキーは、概念を通して世界をみたり、捉えることは対象世界の物質的特徴や視覚的な優位性といった個別的特徴に支配されることなく一般的な共通項で把握することを可能にすると言う。いわば視覚的なもので物事をみていくことから人間を自由にしてくれる。そして、概念作用はそこに言語が加わることで可能になってくる。言語という新しい機能が人間の認識に加わることで、概念的思考という新しい構造が形成されてくるシステム的変換が起きる。

ヴィゴツキーがレーニンに注目したのは、レーニンが概念は抽象的な形式だけでなく、個々の具体的な特殊事例である内容を同時に含んでおり、二つは相互規定的な弁証法的な関係になっていると指摘した点である。形式としての概念は、個の性質を捨象してしまうような一般ではなく、絶えず個を含んだ類としての普遍性である。それは、具体的な対象に向けられる実践から理念は生まれるというレーニンの実践論であり、具体的な内容を無視することなく、それを基礎にした形式としての推論活動であった。

ヴィゴツキーは、レーニンの『哲学ノート』を参考にしながら、人間は世界を一般的な概念の枠組みを使ってみていく過程の中にも、具体的な事物や事象に基づいた現実的思考があるとした。

ヴィゴツキーがレーニンの『哲学ノート』に注目したもう一つの理由は、レーニンが、アリストテレスの「ピタゴラスの定理」やプラトンの「イデア論」といったものは、感性的な事物から切り離す形にしてしまったと批判した点である。レーニンの文章をみていこう。「原始の観念論によれば、一般的なもの（概念、イデア）は独立の存在である（邦訳の「一般的なもの」の訳文は、「普遍的なもの」）。これは奇怪で、途方もなく（より正しく言えば、子供らしく）、馬鹿らしくみえる。そして、現代の観念論であるカントやヘーゲルや神の理念も、同じ種類のものではなかろうか。『家』一般と多くの個々の家。個別的な事物（たとえば、机や椅子）へ人間の理性が近づき、その写し（＝概念）をとるということは、決して単純な、直接的な、鏡のように生命のない行為ではなくて、複雑な、分裂した、ジグザクな行為である」（『哲学ノート』下巻、邦訳 pp.170-171）。

ヴィゴツキーは認識の過程は決して理念として一直線に進むものではなく、現実にある個々の事物との関わりが含まれたものであると考えた。ヴィゴツキーは『思考と言語』の第2章でも、レーニンの『哲学ノート』を引用している（『思考と言語』邦訳 p.73）。レーニンは、ヘーゲルが人間の合目的な活動を可能にするものとして論理的な推論を重視しているが、本来合目的な活動は論理的な推論によって行われるのではなく、あくまでも実践的な活動によって実現されるものであるとして、ヘーゲルの論理学を批判している。レーニンの発言である。「ヘーゲルは、人間の合目的的な活動は『推理』であるとか、生体（人間）は『推理』の論理的『格』（引用者注：論理あるいは推論の「形式」のこと）における一項としての役割をなしているとか言って、人間の合目的的な活動を論理学のカテゴリーのもとに包括しようと努めている。…われわれはヘーゲルの言っていることをひっくりかえさなければならない。つまり、人間の実践的活動は人間の意識にさまざまな論理学上の『格』を何億回となく繰り返させたにちがいなく、その結果これらの諸格は、公理という意義をもつようになりえたのである。このことに注意せよ。」（『哲学ノート』上巻、邦訳 p.173）。なお、この部分は『思考と言語』でも用いている。

レーニンは、ヘーゲルの言い方だと論理によって抽象的な形で世界を理解してしまうことになるが、人間の認識は具体的な対象に向けた実践的な活動とそこにある個別・特殊な事例を含んだ内容を経ることによって、抽象的な概念レベルへと進んでいくと考えた。だから抽象が先ではなく具体が先であり、ヘーゲルを転倒させなければならないとした。ヴィゴツキーはレーニンの次の言葉にも注目する。「思考が具体的なものから抽象的なものへと上昇するとき、真理から遠ざかるのではなく、真理へ近づくのである。物質という抽象、自然法則という抽象、価値という抽象など、すべて科学的な抽象は、自然をより深く、より正しく、より完全に反映する。生き生きとした直観から抽象的思考へ、そしてこれから実践へ——これが真理の認識の、すなわち、客観的実在の認識の、弁証法的な道すじである」(『哲学ノート』上巻、邦訳 p.143)。ヴィゴツキーが人間発達の源泉にあるのは、心理システムとして矛盾したものを解消していこうとする動きであり、この考え方はレーニンの変革を目指して実践を重視した考えとも共有していた。

ヴィゴツキーは、認識の根本にあるのは「一般－特殊」と「普遍と固有」の二つの統一であるとし、「人間の具体心理学」でも、人間の具体の姿という「特殊」と人間精神にある「一般」を統一的にみていこうとした。人間精神を考える時に、「具体性」の視点を持たない研究は人間のリアリティと本質を失ってしまう。人を無名化し、数値化して扱ってはいけないのである。

■機能間連関を可能にする行為と人格

ヴィゴツキーのノートの後半部分「システムについて」を、人格の視点からもう一度みていこう。彼は、人間心理として個々の心理機能やその過程の働きを切り離すようなことをしてはいけないと言う。そして、人間心理では、主体の行為によって複数の機能間の結合が可能になっており、この行為から切り離せないものに人格があるとする。主体が複数の機能を結びつけていくことで、新しい発達が形成されていくとした。

この考えはポリッツエルから示唆を受けたもので、ポリッツエルの1928年の『心理学の基礎の批判』(邦訳名『精神分析の終焉』)にある人格についての記述である。ポリッツエルは、心理学は伝統的に個人の行為を三人称的な視点でみてきたが、そうではなくて、一人称としての私という人格が織りなす行為、具体的な生活の中で展開されるドラマとして論じるべきだと言う。

ヴィゴツキーは、人間精神にあるリアリティとその本質を明らかにしていくためには具体性のレベルで論じるべきだとするポリツエルの考えを、「人間の具体心理学」でも取り上げている。ポリツエルは『心理学の基礎の批判』で、夢について心理学の研究は、夢とその夢を見た本人とを切り離し、夢を本人が作ったものとは考えない、三人称の方法を使って説明していると言う。これに対して、フロイトは夢を見た主体から切り離すことなく論じ、夢とこれを見た主体とを結びつけることで、夢が持っている心理的事実を探ろうとしたと高く評価している（邦訳 p.68）。ヴィゴツキーはこれを参考にしながら、「人間の具体心理学」では、最も基本的なことは、人間は自分自身を作り上げていくことであり、それは主知主義でも、機械論とも違うものだとした。だから、「思考が考えているのではなく、その人間が考えているのだ」（英文 p.65、神谷他訳 p.275）ということになる。

ポリツエルの夢の分析については、本章のはじめのところでもふれたが、ヴィゴツキーは「心理システムについて」と「人間の具体心理学」でも、レヴィ＝ブリュールの、カフィル人の夢の語り方の特徴について詳しく紹介している。カフィル人の場合は現代人の夢のメッセージの受け止め方とは違って、単に夢を見たと済ませるのではなく、自分が物事の判断をしなければならない時に主体的に、まさに一人称のこととして、夢を自分に対するお告げとして使っていた。自分のこれからのことを決めていく時に、夢から示唆されることをメッセージとして新しい意味と機能を結びつけ、新しい考えを作り出している。つまり機能間の結合というシステム連関を行っている。夢のお告げの働きとしてのシステム連関は夢のメッセージと主体的に関わっていることでもあるし、同時にカフィル人の共同体の中で共有されている規範ともなっている。

ここから、ヴィゴツキーがどうしてポリツエルに注目したのか、その理由がわかる。ヴィゴツキーは人間の具体的な生としての「ドラマ」を明らかにしていくために、一人称の方法が大切であることに同意すると同時に、特に歴史・文化的なものを背景にした三人称としての科学的心理学の構築を目指した。個としての具体性の存在とその在り様の探究であり、まさに、個と類との間の弁証法的関係である。「人間の具体心理学」でも議論されているが、ヴィゴツキーは一人称と三人称という諸機能、あるいは諸システムの間の連関・衝突の過程で人間精神は具体化されていくとした。

実は、ヴィゴツキーが人間の心理をシステム論として議論したことは、われわれが日常の出来事に対して抱いている素朴な生活感ともつながっていることを確認しておきたい。われわれが持っている日常感覚は物事や自身の内的世界として持っているものをさまざまなものの関係の中で存在していると捉えている。それはまさに世界を関係としてみていくことで、「関係の思想」と言ってよいものである。しかも、このような世界の見方、あるいは感覚は、われわれ日本人にとっても素朴な認識の原点にあるもので、哲学者や思想家が指摘する前にあったものである。たとえば、大乗仏教では「縁起」や「空」が言われ、それはわれわれが持っている素朴な世界観でもある。これは世界の出来事、一切は関係の中で存在しており、世界は縁起、つまり関係の世界として「空」があるということを意味している。「空」は何も無いという意味ではなく、空いているからそこに関係が生まれる。「空」の世界は関係に満ちており、その関係の中で活動が展開できる。

旧約聖書の『コヘレトの言葉』、あるいは『伝道（者）の書』でも「空」が強調されている。「空（へベル)」は、人の生もそして世の中の出来事も「束の間である」を言ったものでもある。そうなると、ここでも関係の中で事が起きており、それは自分一人の力で何かを支配するような独善的な思想とは異なる。時には、偶然性に身を任せるということでもある。

VI　人間精神への文化的・歴史的接近

ヴィゴツキーが人間精神を文化的・歴史的存在として論じたのが『文化的・歴史的精神発達の理論』である。この著書の前に、彼は「子どもの文化的発達の問題」、「心理学における道具主義的方法」、そして、「子どもの発達における道具と記号」を書いている。人間は記号という文化的道具の習得で文化的発達を実現していくということである。このような文化的・歴史的発達理論の構想を述べているのが、ノート第9章「道具的方法」である。

1 文化的発達

「子どもの文化的発達の問題」(1928) をみていく。この論文は、『児童学 (*Pedologia*)』の創刊号に載せたもので、『文化的・歴史的精神発達の理論』(1930-31) にある「文化的発達」に先がけて書いたもので、内容は「文化的発達」の要約である。邦訳には中村和夫・訳 (1990) と柴田義松・宮坂琇子・訳 (2008) がある。英語訳は Veer & Valsiner の *The Vygotsky reader* (1994) の第5章だが、原著と内容が少し異なっている。

■人間の「原始性」と「文化的発達」

ヴィゴツキーは、人間の発達の基本として成熟等の生物的な条件によって決められる自然的発達に言葉(記号)が加わっていくことで文化的発達になっていくとした。そうして人間は新しい思考様式を実現していく。彼は文化的発達について、発達途上にある子どもや未開人の大人を通して明らかにしようとした。彼はこれを「原始性 (primitiveness)」と呼んだが、文化的発達が相対的に低い状態にある子どもや大人の心理的特質のことである。

彼らが論理的思考や概念の形成が未完成なのは、言語が思考のための手段として使えない段階だからである。彼らには自分が見たり、経験していないものでもそれらを言語の世界で考え、判断していくという発想がない。このような「原始性」は、ルリヤとヴィゴツキーの『認識の史的発達』(1974) で中央アジア・ウズベキスタンの住民たち思考の特徴として述べられている、概念による分類や論理的判断をしないことにも表れている。

「子どもの文化的発達の問題」でヴィゴツキーが指摘していることで重要なのは、文化的発達と自然的発達の両者を排他的に捉えていないことである。自然的発達を基礎にし、それに新しく文化的発達が加わっていくことで変化が起きてくるということで、自然的発達から文化的発達の間には過渡的な段階がある。彼はいつも「どちらか一方」だけを取り上げて説明することはしなかった。

■記号を使った記憶の発達

ヴィゴツキーは、文化的発達を可能にする言語(記号)が子どもにどのような変化をもたらしているか、その科学的な分析が必要であるとして、記号の使用で記銘活動がどう変わっていくかを「二重刺激法」を用いて実験的に検証している。「二重刺激法」はルリヤと一緒に開発したもので、記憶の補助手段となるもの、たとえば絵カードなどを与え、この心理的道具を使うことによって記銘の活動や記憶内容の構造的変化がどのような形で起きているかを明らかにするものである。その一つが、ヴィゴツキーがクルプスカヤ共産主義教育アカデミー(KACE: Krupskaya Academy of Communist Education)の心理学研究室で、レオンチェフらとの共同研究で行ったものである。これをヴィゴツキーはノート第9章の「道具主義的方法」の「Kolyaの結果」にまとめている。

コラム 「男児・Kolya の結果」

（ヴィゴツキーのノート・第9章 pp.115–128 Kolya Sv. October 28, 1927 から）

ヴィゴツキーは一人の9歳の男児（Kolya）に、単語と一緒に記銘のための補助手段として二種類の絵カードを与えて、子どもの記銘成績の違いをみている。一つは自分で自由に単語と絵カードを組み合わせて使うことができる場合、もう一つは単語を憶える時に絵カードと結びつけられるように実験者があらかじめ整理して与える場合である。どちらの場合も、子どもに絵カードを使って単語を憶え、それを再生してもらう。これが終わると、単語と絵カードをどのように結びつけていたかを説明してもらう。前者の場合は、「死」という単語では「ラクダ」のカードを選び、「砂漠にラクダがおり、旅行者は渇きのために死ぬ」という形で単語を絵カードと結びつけながら記憶している。後者は、「劇場」という単語を憶えるために「海辺のカニ」の絵カードを選び、「カニは海の底で小石を見ている。それは美しくて、それはカニにとっては劇場だ」という話を作っている。

いずれの場合も、子どもは言葉によって物語を創造しながら単語を憶えているのは同じであるが、「死－ラクダ」の例のように、どの絵カードを選ぶかに制限がない場合と比べて、「劇場－カニ」のように、カードの選択が決められている場合の方が、物語として構造化することが容易であった。この場合、子どもは絵カードという媒介手段を自覚的に利用していたのである。記憶材料をそのまま機械的に憶えるのではなく、より高次な形で記憶する文化的発達へと進んでいくことを可能にしているのは、絵カードを自覚的に利用しながら言葉を使って物語を作ることである。

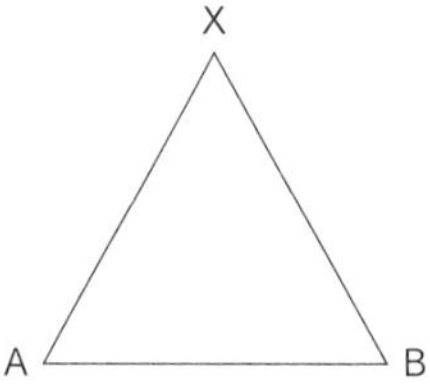

図3　ヴィゴツキーの三角形

ヴィゴツキーは、「二重刺激法」でも物語を構造化しやすいようなカードの提示の仕方をした条件の方が記憶情報をより構造化していたことから、記憶の発達には記銘するうえで新しい意味構造を作り出していくことが必要であると言う。「二重刺激法」を用いて実験的に子どもの発達を促進させることで、子どもの記憶の発達過程で起きていることを時間的に短縮させる形で明らかにしている。

子どもが補助手段としての道具を効果的に利用した時、与えられた材料をそのまま直接記銘するという自然的な活動を超えて、文化的発達として記銘活動を行うことが可能になる。その時、主体（A）と記銘材料である対象（B）との結合が媒介手段としての道具（X）によって別の結合へと変わっていく。ヴィゴツキーはこれを上の図で説明している（図3）。前のVの後半の「人間の具体心理学」でもふれた「ヴィゴツキーの三角形」である。

■「二重刺激法」による発達研究

ヴィゴツキーは子どもの文化的発達を科学的に解いていく方法として、「二重刺激法」（正確には、「二重刺激の機能的方法」）が有効であることを強調している。「二重刺激法」という外部の補助装置を使うことで、人間の文化的発達に果たしている文化的道具の働きを実験的に明らかにしようとした。彼はこのような形で文化的発達の問題を解いていくことを「道具主義による方法」と呼んだ。それは、歴史的・発生的な方法でもある。人間は歴史の中で必要な文化的装置を生み出し、それを使って文化的発達を実現しているが、ヴィゴツキーはフランシス・ベーコン（Bacon, F.）が『ノヴム・オルガヌム（新機関）』（1620）で述べていた言葉、「素手もひとりに任された知性もあまり力をもたず、道具や補助によって事は成しとげられる」（邦訳 p.69）を引用しながら、「二重刺激法」は「本質的に歴史的・発生的方法」であると言う。つまり、研究の中に歴史的観点を持ち込むということである。「二重刺激法」は歴史的変化として人間が文化として蓄積してきたものを個人の発達過程の中に実験的に与えていくことで、個人の発達的変化を発生的に分析することができるからである。

ヴィゴツキーはこの「二重刺激法」は、文化的発達の過程で生じている子どもの高次の行動形態である学校教育における学習の過程を明らかにしていくことも可能にするとした。この方法を用いて記憶だけでなく、計算、概念形成といった子どもの行動の高次な機能についての実験的研究を明らかにしていった。

2 「道具主義的方法」

「心理学における道具主義的方法」(1930) は、ヴィゴツキーたちの記号の働きについての実験的研究をまとめたものである。同時に、この論文で彼は、人間精神を論じていくうえでの「道具主義的思考」についても論じている。この論文は、ヴィゴツキーの書斎に残されたままになっていて、1987年のロシア語版著作集ではじめて公刊された。

■「道具主義」の考え

「心理学における道具主義的方法」は、ヴィゴツキーが1930年にクルプスカヤ共産主義教育アカデミーで行った研究とその考えを24の短い文でまとめたものである。「道具主義的方法」とは、次のような考えで行われる心理学研究法である。つまり、対象(客体)と主体の心理的操作の間に道具(技術的、あるいは心理的道具)が挿入されていくことで、心理的発達が実現されていくこと、そしてその過程を明らかにしていくことである。この方法を使った研究は、人間精神とその文化的発達を文化的道具の使用を通して明らかにしていこうとする、いわば「道具主義的思考方法」である。したがって、改めて注意をしておくが、「道具主義」は単に道具やその役割だけを言ったものではないということである。

■技術的道具と心理的道具

「心理学における道具主義的方法」の論文でヴィゴツキーが具体的に指摘していることをみていこう。彼は、道具を技術的道具と心理的道具の二つに分けて、その機能の違いを述べている。技術的道具は、客体そのものに働きかけ、何らかの変化を起こさせるノミ、カンナといった類のものである。それは人間の活動と外的対象との中間項にあって、物を変形し、加工し、新しいものを作っていく。技術的道具はわれわれの自然的な適応の過程を変えるし、自然の諸過程を統制していくことに与っている。

人間は自然に支配されているだけではなく、道具を使って自然に働きかけ、それを変化させる。それは労働という形をとるが、ここから自分自身の中にある自然的なものも変化していく。つまり意識が生まれるということである。人間の意識は、自然を他のものへと変えていく外化態として発生してくる。

他方、心理的道具は他者あるいは自分の心理的諸過程に関わり、それを変えていく。心理的道具は技術的道具のように客体に変化を起こさないで、自分の心理と行動、そして他者との過程に作用している。この指摘は一見すると何気ないことで、見落としてしまいがちである。だが、ヴィゴツキーはここで重要な主張をしている。つまり、マルクスが『ドイツ・イデオロギー』で指摘したように、人間は他者、そして世界に向けて関わることで自己の意識が生まれてくるということで、まさにそれは「外化された意識」である。

心理的道具は言語、記数法、計算の形式、記憶の方法、さらにはもろもろの記号の働きをする。これらは、さまざまな課題の解決のために必要な心理的操作を方向づけ、実現していくための手段である。ヴィゴツキーが文化的発達として最も重視しているのは心理的道具の方で、人為的な構成体であるという意味では社会的なものでもある。ヴィゴツキーは技術的、そして心理的道具によって人間の行動と心理的な活動が変化をしていく過程を科学的に研究していくことが、文化的発達研究の課題だとした。

この論文のまとめとして、道具主義的方法について彼は次のように指摘している。道具主義的方法は、本質として歴史的・発生論的方法であり、行動は行動の歴史としてのみ理解される。歴史的・発生論的方法として「発生論」という言葉を入れているのは、人間の発達過程は人間の長い歴史の中で蓄積されてきたからであり、それらの多くははっきりとみえる形になっていないが、道具の用い方、道具的思考への過程をみることでその働きを解くことができる。それが科学的心理学の課題である。

道具主義的方法は、人類が労働の長い歴史の過程の中で為し遂げてきたことをいかにして子どもが教育の過程で実現していくか、「自分自身の自然を変化させ ・・・ 彼自身の自然のうちに眠っている潜勢力を発現させ、その諸力の営みを彼自身の統御に従わせていく（マルクス『資本論・全集第23巻』）」か、その歴史を提示することである。「心理学における道具主義的方法」には、ヴィゴツキーの人間発達に対する考え方のエッセンスが込められている。

3 「子どもの発達における道具と記号」

「子どもの発達における道具と記号」（1930）は出版されないまま手書きの原稿として残されていたものだが、同じ時期に出された『文化的・歴史的精神発達の理論』の要約である。邦訳には柴田義松他・訳（2002）があるが、ここに収められていない第2章と第5章を神谷栄司・土井捷三（2003）が訳出している（『ヴィゴツキー学』第4巻）。

■ 動物の実際的な問題解決と子どもの記号的思考

第1章の「動物心理学と児童心理学における実際的知能の問題」では、動物と違って発達初期の子どもであっても言葉を使って問題を解いており、これが人間と動物との最大の違いであることを指摘している。ケーラーによれば、チンパンジーは高い所に吊されたバナナを取るために棒を使い、リンゴ箱を重ねて踏み台として使用しながら目の前の問題を解決するというように、実際的な問題解決はできる。だが、チンパンジーの解決行動は視覚的な状況や構造に支配されていて、棒が視野の中にない時には使えないし、仲間の類人猿が箱の上に座っていると、踏み台として使う発想は起きない。

それでは、発達初期の子どもの場合はどうだろうか。リップマンとボーゲンは、類人猿に与えた課題と同じようなものを子どもはどのように解決するかを観察している。子どもに、道具なしでは取ることができない状態で棚の一番上にあるボールを取るよう求めてみた。

ここでは、類人猿の場合は視覚的なものによって思考が支配されているのと比べて、子どもは物を取ろうとした時の体験や自分の身体や腕の長さといった、いわゆる「素朴な物理学」で考えるという違いがあった。リップマンたちは、子どもは類人猿のように視覚的な場面から自由になって問題を考えていることを明らかにしている。だが、彼らは問題を解決する際に、子どもが言語をどのように使用しているかということに注目しなかった。そのために、類人猿と違って子どもは置かれた物理的状況に支配されないで問題を解決している点だけが違うと結論した。彼らの研究では、子どもが言語を使ってどのように問題を解いているかを明らかにしなかった。

これに対して、ヴィゴツキーが行った実験では、果物をネットで遮断して、この果物に手を伸ばして取るという場面を作った。この時、子どもは言葉でどういうことをしたらよいか、言葉で計画をしながら考えている。ここがヴィゴツキーとリップマンたちの研究との違いであった。

ヴィゴツキーは、これまでの発達研究では、言葉とその働きに注目することがなかったと批判する。ヴィゴツキーは、発達の初期の子どもであっても、シンボル活動と記号の操作がみられるとした。子どもは言葉の助けによって状況を制御し始めると、新しい行動を組織し、環境との間で新しい関係を作り出していく。実際的な操作である行為と言葉は独立したものではなく、統一されたものになり、まったく新しい活動形態へと変化していく。ここにもヴィゴツキーが何度も主張する、心理システムとしての機能間の再編成がある。子どもは実際的な場面に拘束されないで自由に考えることが可能になるが、この行動の組織化の機能を支えているのがシンボル的記号である（英文 p.16)。

■記号による知覚と記憶の発達

第2章「高次精神過程の発達における記号の機能」では、記号が知覚と記憶の活動に関与していることを指摘している。子どもは絵を見た時、類人猿と違ってそれを同時に言葉で表現していく。年少の子どもは絵から得られる視覚的情報をパントマイムの形で表現するが、もう少し年齢が進むと言葉で絵の内容を表すようになる。このように、子どもは視覚的対象を見るだけでなく、言葉を通して世界を認識していく。言葉が知覚の中に入り込み、知覚対象を分節化するようになり、絵や視覚的対象が何を言い表しているか「認識的知覚」を可能にする。

この第2章で詳しく説明しているのが、記憶と注意の発達とその再編成である。言語がそこに加わることで、子どもは行為を未来に向けてのプランとして編成していく。注意機能の発達である。記憶することで後で想起できるようにするのは、目的に沿った形で時間を統制していくことである。それを可能にしているのは、記憶過程にシンボル機能が加わることであり、未来の行為を表象することである。

第3章の「記号操作と心理過程の組織化」(柴田他訳では第2章)は、前の章と同様に子どもの知的活動が言葉と記号作用によるシンボル的活動によって大きく改編されていくことを述べている。すべての高次精神機能の発達の歴史として、記号によるシンボル形態の活動(言葉、読み書き、計算、描画)が内的なシステムに組み込まれ、それが随意的注意、論理的記憶、論理的形態の知覚へとなっていく。ここで特に指摘しておきたいのは、「高次精神機能の発達の基本原則」についてである。ヴィゴツキーは、高次精神機能は下位の要素的な過程の上に二階部分として建て増しされていくようなものではなく、各機能が複雑に絡み合いながら新しい心理システムとして再構築されていくとしている。それぞれの機能はその働きを変え、一つのシステムとして統合されていく。彼の心理システム論であり、それは発達の基本原則である。

第4章「子どもの記号操作の分析」(柴田他訳では第3章)は、記憶の発達についてである。レオンチェフとヴィゴツキーによる記憶の研究で、「1　文化的発達」でふれたのと同じものである。

■高次精神機能の研究方法

第5章「高次精神機能の研究方法」でヴィゴツキーは、人間の高次精神機能をどのように解明していくべきか、その考えを簡潔にまとめている。ポイントは二つである。

第一は、人間の高次精神機能を明らかにしていくうえで欠かせないのは、その起源と構造を明らかにすることである。起源を問題にしない現象学的研究ではその本質を解くことはできない。そして、子どもの高次の行動形態を動物の行動の延長のように考える発想では人間の独自の構造的特徴を明らかにできない。

第二は、ヴィゴツキーが高次精神機能のための研究方法として位置づけている「二重刺激法」である。子どもが課題を解いていく時にその補助手段、あるいは媒介機能として有効になってくるものを同時に提示し、子どもが主体的、能動的にこれらを使っていく中で高次精神機能と構造の再編成が起きている。

4 『文化的・歴史的精神発達の理論』

ヴィゴツキーの『文化的・歴史的精神発達の理論』(1930-31)は、人間の精神は文化的、歴史的なものに支えられながら発達を実現していくという彼の発達理論を詳細に述べたものである。ここでは、この大部な本をどう読むかを中心に述べていくことにする。邦訳書ではロシア語原著にある後半部分の二つの章(第8章「算数操作の発達」、第10章「記憶と記憶術の機能の発達」)は省略されている。この省かれた二つの章は、柴田と土井(2007)によって訳出されている(『ヴィゴツキー学 第7巻』所収)。

■歴史・文化的存在としての人間、その研究方法

前半の第1章「高次精神機能の発達の問題」、第2章「研究の方法」、そして第3章の「高次精神機能の分析」の三つの章では、ヴィゴツキーは、人間の発達は絶えず歴史的・文化的な外的諸変数と関わる中で発達が実現しているとする。そこでは、人間の発達はこれらの外的な諸変数と内的な主体の活動との間で展開される弁証法統一の過程としてある。これまでの心理学研究の多くはたとえば、現象学・形而上学心理学やシュプランガーの了解心理学にみられるような個人の内的世界をもっぱら重視するとか、歴史・文化的視点を欠落させた条件反射学や行動主義心理学であった。これらの研究は人間精神、あるいはその発達を歴史・文化的な枠組みの中で論じていく視点がなかった。

そこで、どのような研究方法をとっていくかということが、研究から何を生み出していくかを考えるためにはきわめて重要になる。彼は第2章「研究の方法」のはじめで次のように述べている。「方法を見出していくことは研究者にとって最も重要になってくる課題である。この場合、方法は研究の前提になっていると同時にそれによって生み出されるものであり、研究の道具であると同時にその結果でもある。私たちが、子どもの文化的発達の歴史の序論に方法のことを入れようとするのは、体系的に記述していこうとするからである」（英語版 p.27. 邦訳 p.55）。これまでの心理学の研究方法がどんな心理学研究を生んでしまったか、それらが研究方法としてふさわしいものだったのかということである。

人間は発達主体として自己と社会を創り出していく存在だという前提に立つと、その発達の過程も複雑な様相にならざるを得ない。そこでは、あらかじめ決められた形で発達が起きていないし、そのような予定調和的な発達の図式を描くことはできなくなる。

1930年当時、心理学の研究で主流だったのは単一、かつ低次な刺激－反応の連鎖によって心を説明するもので、条件反射学、行動主義学習論であった。そしてヴントの心理学も感覚を心の要素として扱ってしまっていた。このような人間心理を単純な一つの変数を孤立させて扱った原子論や、要素主義の発想では人間心理の本質を捉えられない。さらに、これらの研究は言語を正当に位置づけることをしなかった。言語を正当に扱わないのには、人間と動物を一緒にみてしまう発想がある。ここには人間の歴史に対する誤った考えがある。ヴィゴツキーはエンゲルスの『自然の弁証法』（1873-1886）にある「猿が人間化するにあたっての労働の役割」（1876）を使いながら、人間は労働を通して自然を変え、支配して、人間の文化を形成してきたと言う。動物が外界の自然を利用するだけであったのと大きな違いがある。

ヴィゴツキーは第2章の6「私たちの研究方法の原理」では、エンゲルスの『自然の弁証法』にある「弁証法」について言及し、法則は数の限られた事実を仔細に観察することから得られると指摘している（邦訳 p.548）ことをあげながら、人間の文化的発達を明らかにしていくには、心理学者が特段注意を払うこともなかった日常生活の些細なことを重視していくべきであり、そこに人間心理の本質があると指摘している。真実は細部に宿るということである。

人間心理の研究は、日常生活の中で私たちが営んでいる活動こそが解くべきことである。ヴィゴツキーはかつて「心理学の危機の歴史的意味」(1927) でも、そのエピグラフにマタイの福音書からの「建築家に一瞥もされなかった石が重要視されることになった」という一文をあげていた。この「石」は、まさに私たちの日常の実践とその哲学的意味を正しく理解していくということである。

そして、第2章の中の7「心理学における歴史的研究」では、人間心理を過程としてみることの重要性を指摘する。彼は次のように述べている。「何かを歴史的に研究するということは、それを運動のなかで研究することを意味する」（邦訳 p.81)。かつてブロンスキーも述べていたように、行動は行動の歴史としてのみ理解されるのである。このような研究の姿勢と視点をとるべきなのである。

■ 高次精神機能とその接近方法

ヴィゴツキーが心理学の研究方法について述べていることを、さらに別の視点から確認していこう。

第3章では、科学的心理学の構築のための心理学的分析のあり方を議論している。

彼は科学的心理学のためには、記述的分析を克服していくべきだと言う。この議論で彼が参考にしたのは、ゲシュタルト心理学の中でも最も彼が信頼を置き、研究方法についても影響を受けてきたレヴィンの考えである。レヴィンは『パーソナリティの力学説』(1935) で、心理学の研究は単に心理現象として外に表れた「顕型」だけを問題にするのではなく、その背後にあって発生の原因としてあるものを明らかにする「元型」を問題にすべきだと指摘していた (柴田訳では「顕型」を「表現型」、「元型」を「因子型」としている)。それは、ヴィゴツキーの言う記述的分析ではなく、説明的分析ということである。

ちなみに、レヴィンの発生的な視点から心理過程の分析を重視する考えは、学生時代に学んだカッシーラが強調していた意識や概念を固定的に捉えるのではなく連続的な過程の中でみていくべきという関係的、機能的な考え方を引き継いでいた。この発生的分析、過程を重視する考えは、ヴィゴツキーへとつながっている。

ヴィゴツキーはレヴィンが「元型」を問題にするべきだとしたことをマルクスの『資本論』の言葉「もし事物の現象形態と本質とが直接に一致するものならばおよそ科学は余計なものであろう」(『マルクス＝エンゲルス全集』第25巻第2分冊、邦訳 p.1047) を使ってさらに補強をしている。マルクスの指摘にしたがうならば、次のようなことである。科学的心理学の分析は、現象として表れたものを主観的、内省的に記述することを超えなければならない。外面的な表現形態の背後にあるもの、その現象を生み出している過程の分析から本質にあるものを明らかにすることができる。科学的心理学の分析は、現象として表れたものを主観的、内省的に記述することを超えなければならない。外面的な表現形態の背後にあるもの、その現象を生み出している過程の分析から本質を明らかにすることができる。

ヴィゴツキーの発言を確認しておこう。「物ではなくて過程の分析、しかも過程の外形的な特徴を解体するのではなく、またその結果として記述的な分析ではなく、説明的な分析である。そして最後に、その形態として心理学的な化石（psychological fossil）となってしまっているものの発達の全ての過程を最初の出発点まで呼び戻し、造り直していくような発生的分析」（英文 p.72、邦訳 p.127）を目指すことである。

第4章「高次精神機能の構造」では、彼は人間の精神構造は安定してあるのではなく、変化をし続けるものという指摘をする。これとは対比的に、ドイツの形而上学者でヴュルツブルク学派のヨハネス・フォルケルト（Volkelt, J.）は、人間発達を構造として変わることがない、いわば「永遠の児童的なもの」(perpetual childlike）としている。そこには直観によって認識の確実性を手に入れていくという人間の認識の普遍性を強調する発想があった。ヴィゴツキーは、そうではなくて、社会・文化とその歴史的なものに影響を受けながら「変わりつつある子ども」、あるいは「束の間の子ども」としてみていかなければならないとする。このことを彼は『思考と言語』でも繰り返し指摘しているが、人間発達が新しい高次な構造へと変わっていくのはそこに新しい機能が加わり、複数の間の機能的統合があるからである。ここでも彼が考える発達の基本原理には、複数の機能間の統合による心理システム論の発想がある。

■文化発達の中の主体の役割と精神の発生過程

ヴィゴツキーは、人間は自分たちの周りにある文化的なもの、歴史的なものに規定されながらも同時に、これら文化的道具を使いながら心理的活動によって文化を創造していく存在でもあると言う。第2章でも彼は、道具による文化的活動について、いくつかの具体例をあげながら説明をしている。「くじ引きの心理」は、人はどちらを選ぶかを決めかねている時、しばしば人間が作り出した文化的装置であるくじ引きやサイコロといった外的な手段に委ねてその結果を利用していくという話である。「ビュリダンのロバ」の逸話では、飢えたロバが二つ等距離に置かれた食料のどちらを選ぶかわからず迷い、結局餓死をしてしまう。人間はこのように迷った時には、くじを使って決めることをする。これは一見、人は自らの意志で物事を決めることを放棄して外的なものに身を委ねてしまっているかのように思われるが、実はそうではなくて、自らの手で選択反応を制御するという意志で行動している。この意志的行為は、歴史的・文化的な道具を主体的に利用している例である。

人間がくじ引きなどの外部手段によって行動選択を行っていることの歴史的伝統について確認しておこう。レヴィ＝ブリュールが明らかにした南アフリカのカフィル人は、夢に出てくる託宣を聞き、骨を投げて占いをしてきた。あるいはわれわれ日本人は今でもおみくじで運勢を占うことをしている。ヴィゴツキーはドイツの民俗学者で社会人類学者のリチャード・トゥルンヴァルト（Thurnwald, R. 訳文ではサーンワルトと誤記）のくじの使用についてふれて、くじの使用は、自分自身の行為の意識的自己統制の始まりであり、くじ引きを使うことは行動の文化的発達の重要な第一歩になっていると言う。ヴィゴツキーの言葉である。「くじ引きの操作は、ビュリダンの状況と比べて新しい独自な構造を表している。その新しさは、人間が自分の反応を決定する刺激を自らつくり出し、それを自分自身の行動過程を支配するための手段として利用しているところにある。人間は、人為的につくり出された手段の助けをかりて自分の行動を自分で決定するのである」(邦訳 p.93)。人間の主体的な活動を支えている意志については、この後のところでみていく。

人間が文化的道具を使って自己の認識活動を展開している例としてヴィゴツキーがしばしばあげているのが、記憶手段の使用である。「記憶のための結び目」である。先のトゥルンヴァルトが紹介している古代ペルー人は、自分の所有している家畜の頭数をヒモの「結び目」で表し、それを記憶の補助手段として用いていた。われわれは今でも、ハンカチを荷物に結んで自分の荷物の記憶の補助手段としているが、その意味では古代人がみせる行動はわれわれの高次な精神機能の原型になっていることがわかる。

ヴィゴツキーは「人間と動物を第一に区別する基本的、一般的な人間の活動は意味(signification)、つまり記号の創造と使用である」(英文 p.55、邦訳 p.102)と言う。これによって人間は自然を変更し、また自らの中にある自然としての本性を変えていく。ここで、ヴィゴツキーはエンゲルスの『自然の弁証法』にある言葉を引用している。「人間の思考の最も本質的で最も直接的な基礎をなすものは、まさにこのような人間による自然の変化なのであって、たんなる自然そのものではない。そして人間が自然を変化させることを習得してきたその度合いに応じて、人間の知能はこれに比例して成長してきた」(『自然の弁証法』邦訳 pp.538-539)。このように、エンゲルスの考えを使ってヴィゴツキーは、人間精神とその生成過程の問題を記号の創造と使用から解いていく。

第5章「高次精神機能の発生」は、精神発達の発生過程の議論である。発達過程のある段階から、発達は記号の世界に入ることで人間独自の文化的発達へと変わっていく。このことをヴィゴツキーはジャネの「文化的発達の一般的発生法則」を使って述べている。ジャネについては、ヴィゴツキーは心理システム論（本書V）でも取り上げている。ヴィゴツキーは次のように述べている。ジャネによれば、言葉は、最初は他人への命令であり、それが徐々に個人自身の言語化された行動を形成していくようになる。言葉には「諸個人の社会的結合と文化的行動の中心的機能」(邦訳 p.179) がある。ヴィゴツキーは高次精神機能は社会的なものに発生の起源があるとしているが、社会的活動としての機能が個人の機能へと変わっていくことを指さしや指示身ぶりを例にして説明している。子どもは自分が欲しい物に手を伸ばそうとするが（把握運動）、手が届かないのでうまく取れない。欲しい物を取りたいという意志と目的がまず必要なのである。この状況が精神間と精神内の活動と、そこから得られることの出発点になっている。母親が差しのべてくれた行動の意味を子どもが理解するためには、自分ではどうにもならないという状況が必要である。この状況を変えてくれるのが母親の関わりであり、それが指さし（指示身ぶり）の動作の意味と働きを知っていく始まりになる。母親が子どもの様子を見て、母親が指さしをしながら「欲しい物はこれなの？」と言いながら、動作で特定のものを指示する。このように、指示という動作で意味づけてみせることで状況が変わる。この過程の中で母親の動作で表された「指さし」という機能的意味を、子どもは自分のものにしていく。

精神間という社会的活動は、精神内という主体の側での変化となっていき、精神間を通して経験したことの意味を自分のものへと内化していく。ヴィゴツキーの言う「心内化（プリズヴァーニエ）」であるが、これが意味しているのは、はじめは外部にあったものを自分の中に取り込み、使用可能なものにしていき、最終的には自分のものとする主体化のことである。「自分のものにしていく」という言葉が示しているように、機械的に外部にあったものを移行させるだけでは発達や学習は実現しないということである。ヴィゴツキーの発言である。「私たちは他人を通してのみ自分自身となるのであり、そのことは人格全体に対してだけでなく、全ての個々の機能の歴史にも当てはまるということができよう。ここに、純粋に論理的形式において表現された文化的発達過程の本質がある。人格は、他人に対して現れるところのものを通して、自分にとってそれが自分のなかにあるものとなる」(邦訳 p.181)。この後、有名な文章が続く。「私たちは、文化的発達の一般的発生的法則を次のように定式化することができよう。子どもの文化的発達におけるすべての機能は、二度、二つの局面に登場する。最初は、社会的局面であり、後に精神的局面に、すなわち、最初は、精神間カテゴリーとして人々の間に、後に精神内カテゴリーとして子どもの内部に登場する。このことは、随意的注意にも、論理的記憶にも、概念形成にも、意志の発達にも、同じように当てはまる。私たちは、この命題を完全に意味の法則とみなすことができる。しかし、言うまでもないことだが、この外から内への移行は、過程そのものを変え、その構造および機能を変化させる」(邦訳 p.182)。

この文章にある「意味の法則」というのは、人間は外的刺激の物理的なものに対して反応しているのではなく、それを意味的なものに改変して精神活動としていくということである。自然的発達と文化的発達とはまったく様相が違っていて、文化的発達はゆっくりとした発達ではなく、激しく変わっていく発達、彼の言う「革命的タイプ」の発達である。

■話し言葉、そして書き言葉へ

第6章と第7章は、話し言葉の発達と、書き言葉への移行についてである。発達初期の子どもの言葉とその意味の発生について、シュテルンは子どもは生得的にすべての物には名前があり、言葉には物に対する指示的機能があることを知っているとした。つまり、1歳半から既に言葉（記号）と意味の関係を理解し、言葉の象徴的機能を自覚しているという。だが、ヴィゴツキーは、これは事実に反すると言う。そして、言葉は人間社会にあって人間が作り出した音声の知覚とそれを言語形式へと形成していくことで得られると説明する。ここで彼が主に依拠しているのは、言語理論としては先達で、彼の言語論にも少なからず影響を与えたアレクサンドル・ポテブニャ（Potebnia, A. A.）の内的言語形式論である。この考えを簡単に言うと、言葉が音声と結びつきながら内的な言語形式であるイメージ（形象）によって意味が作られてくるという「言葉の意味の発達史」である。言葉の意味の生成過程を歴史的にみていくと、言葉の意味は言葉の音声的特徴と結びつきながら生まれている。その例が、音声的に類似したものから同じような意味が派生していることである。『思考と言語』の第5章でも、インクの語源が例にあげられている。元々、「黒い」を意味する「チョールヌイ（чёрный）」からインクの名詞「チルニーラ（черннла）」が生まれているが、これはインクの色の特徴を表していた言葉（黒色）がインク全体を意味するものへと派生していったことによる。インクは、始まりは黒色であったものが、今は赤インクも青インクも色の違いの区別がなくなって、インクは「チルニーラ」の言葉が使われている。このように、単語の変遷の歴史から言葉の意味はその音声から生まれるイメージ（形象）と結びついていることがわかる。

子どもの場合も、単語の音声と語の意味のイメージ（形象）との連結を作っていく。それはある時期の子どもの思考の特徴である複合的思考によるもので、似たものを「連結環（connecting links）」でつなげている。もちろん、子どもは自分勝手にこのつながりを作るのではなく、モノの類似性をもとにして結びつけているのである。彼が『思考と言語』の第5章で使っている例をあげてみよう。子どもは「ワウワウ」という言葉を犬や玩具のイヌを意味する指示語として使っていたのを、ゴム人形や人形と同じように細長いもの（浴槽の温度計）、さらには眼を連想させるボタンや真珠といった表面的に似ている小さな物の意味にも広げている。ほぼこれと同じことを、日本の発達心理学者の岡本夏木が『子どもとことば』（1982）で指摘している。岡本は、生後7か月からN児の言葉の意味使用とその変化を継続的に調べている。N児は「ニャンニャン」を絵本にある白い犬を指示するものとして使っていたが、その後、ぬいぐるみの犬や、犬一般、白い布でできた物に当てはめている。

第7章は、書き言葉の発達である。文字を使った表現は、対象と直接つながっていないということでは、一段抽象度が上がったシンボル表現である。この書き言葉を可能にしていく準備段階、前史にあるものとして、ヴィゴツキーは発達初期の描画に注目する。描画は身体活動を伴うもので、この活動の前には身ぶりや、少し後にはごっこ遊びがある。身ぶりもごっこ遊びもモノでその意味を表現しており、シンボル表現の最初の形態である。ヴィゴツキーは、これらの延長として描画と書き言葉を位置づける。身ぶりや描画の原初形態であるなぐり描きのような身体活動にみられる自然的な発達と、文字という書き言葉の文化的発達とは重層的な重なりをしていると言う。

子どもは次第に書き言葉という二次的シンボル表現へと進んでいく。この書き言葉の習得は話し言葉という口頭シンボルとは違うもう一つの「二次的シンボル表現」の活動であり、それは文字の知覚と黙読へ、そして内言へと活動を促していく働きをしている。

■ 知的活動を支える道具と記号

第8章の「算数操作の発達」、第9章「注意の習得」、そして第10章の「記憶と記憶術機能の発達」は、子どもの知的活動を支えていく認知的道具と記号についてである。

学校教育で算数の学習を始めるためには、子どもたち自身が数や量について実際の物を使いながら理解していく活動が前提にある。子ども自身が目測等の知覚で物の数を理解し、物によって量の操作をする、いわゆる「自然的算数」がはじめにあって、そこから数字の操作等による記号の抽象的な操作を行う学校教育の「文化的算数」へと移行していく。だが、この過程では物の数を知覚で把握するような元に戻るという「行ったり来たり」があり、その中で抽象的な数の操作へと進んでいく。この抽象的な数の操作を助けるものが、具体物の代わりに図に表したものなどの（「教図」）文化的道具であるが、これらは知覚によらないで数記号の世界へと向かう「橋渡し」の役割をしている。

ヴィゴツキーは、自然的発達から文化的発達へと機械的に入れ替わるのではなく、両者の間には相互依存的な関係や複雑な過程があり、これを経て文化的発達が実現していくと言う。同様のことは、「注意の習得」、「記憶と記憶術機能の発達」でもみられる。

子どもの記憶をはじめとして広く認識の発達に関わっているのは、子どもが対象に意図的な意識操作をしていく「随意的注意」である。注意は子どもも含めてすべての人間の行動の意識的な制御に関わるもので、随意的注意の発達は記憶を含めた認識の問題と深く関連している。

ヴィゴツキーは、子どもの随意的注意は、はじめは正しい反応を示唆する外的な補助的な刺激に支えられて可能になってくると言う。記憶の課題では、カードを使った外的な補助手段の使用を促すことによって効果的な注意の制御をもたらし、より自発的な言葉による注意の随意的な使用は記憶の発達と概念形成を可能にしていく。記憶と記憶術機能の発達についての議論は、記憶の発達を支える補助手段の働きと、道具の役割についての意識変化と認識変化についてである。ヴィゴツキーが「記憶の知性化」や「記銘の能動的または意志的な性格」(邦訳 p.51) としているものである。

■主体的な活動を支えている意志

第12章の「自分自身の行動の制御」(邦訳では第10章) でヴィゴツキーは、人間は意志を持って自らを主体的に行動しているとして、意志の重要性を言う。人間は歴史的・文化的な外的なものに制約を受け、また支えられながらも、同時にそれらを主体的に利用して自己の活動を制御する意志を持っている。人間はただ歴史に支配されているだけでなく、歴史的現実を変えていくことを目指している。その可能性を、彼はマルクス主義思想でも特に思い入れが強かったカウツキー、トロッキーの二人の思想に求めている。彼らは人間が社会や組織に埋没しないで主体的に自己の可能性を求める姿を、ニーチェの言う超人、スーパーマンに求めた。これがヴィゴツキーの言う意志の問題である。

彼はノートの第9章の「意志、その中心的な考え」と「道具主義的方法と意志」の二つで、意志の問題を論じている。それだけ彼にとっては、自由意志による行動選択は重要なものであった。以下、これらのノートをみていこう。前者の「意志、その中心的な考え」は、彼が1928年の4月に第二モスクワ大学の科学的教育学研究所で新しい文化・歴史的理論を述べた時のメモである。そして後者は『文化的・歴史的精神発達の理論』の第12章で議論されている内容を、メモの形で残したものである。

コラム 「意志、その中心的な考え（Volition: the central idea）」

（ヴィゴツキーのノート・第9章 p.117）

ヴィゴツキーは意志の問題を1928年の『医学大事典』に書いているが、そこでは意志を最も高い精神発達の段階にあるものとし、自己の行動の統制であるとしている。彼がこれを書いた段階では、まだ記号という視点が明確になく、もっぱら条件反射による行動制御の視点で論じていたが、彼は次第に別の考えで説明をするようになる。それがノート「意志、その中心的な考え」のヴィゴツキーの発言である。意志は大脳中枢の調整やドミナントによる選択に帰することはできず、社会的な関係を心内化することであり、中枢の活動を身体化させたものであるという説明である。

ヴィゴツキーは意志の問題を考える時に、ジャネの『人格の心理的発達』(1929) に示唆を受けながら意志に果たしている言葉の役割に注目する。ヴィゴツキーがジャネのどこを参照したのか不明だが、ジャネは『人格の心理的発達』の中の「基本的感情」(第6章) で、人間のすべての感情、情緒、努力の感情、喜びの感情は複雑な形になっており、それらは表現であり、すべての言語はこれらのさまざまな行為の上に打ち立てられると指摘しているところだと予想される。言語による表現と選択の働きということである。ジャネは、発達初期から行為として対象と関わっており、その対象との選択的な関わりは次第に複雑になっていくと言う。

ヴィゴツキーが次に、選択と意志に言葉がどのように関係しているかを論じているのが以下のノートである。

コラム 「道具主義的方法と意志（The instrumental method and volition）」

（ヴィゴツキーのノート・第9章 p.118）

このノートで彼は、意志の問題を道具と記号の視点から論じているが、意志を文化的な道具に支えられて自らの行動の制御をするものと位置づけている。道具的機能である算術、言語、書字、記憶その他もろもろにとって不可欠なものとしてあるのが意志である。そして彼は、意志は知性的なものになっていくとしたが、その考えはスピノザから触発されたものである。ヴィゴツキーが注目するのは、スピノザの『エチカ』(1677) の次の部分である。「意志と知性とは同一である」(第2部「精神の本性および起源について」の定理49、邦訳 p.155)。この結論だけでは何を言いたいのかわからないが、この文章の前に、「三角形の内角の和は二直角である」という三角形の概念があるが、観念はこれを肯定も否定もすることはしない。私たちがこの観念を任意に選び取っているのは意志作用による。知性は個々の観念そのものであって、個々の意志作用と個々の観念とは同一であるから、意志と知性とは同一という定理が成立することになる、とスピノザは述べている。
与えられた定理や状況を選択していくという意志行為、そこにおいて環境や状況に支配されないで意志的選択をしていくことが自由を保証している。だから、ヴィゴツキーはこのノートで次のように指摘する。人間の意志を問題にしていくことの始まりには、意志的行為が必要になっている状況に身を置かざるを得ない状況がある。そこで事態をどう変えていったらよいかを想起し、自己の行動を制御していこうとするのが意志である。

第12章の内容をみていこう。私たちがくじやサイコロに運命を委ねるようなことは最も非決定的で、最も自由でない選択をしているかのように思ってしまう。だが、われわれはどちらが出たら第一の選択をし、別の結果が出たら第二の選択をするといったように、選択反応を自分で決めている。選択反応を自分で制御している。ここに意志がある。ここでもヴィゴツキーは、スピノザの「ビュリダンのロバ」を取り上げている（『エチカ』第2部・定理49）。われわれは、「ビュリダンのロバ」のように、二つ等間隔に置かれた食料のどっちを選ぶかわからず結局餓死をするような間違いはしない。スピノザは意志が観念＝知性を肯定するかどうかは一義的に決まっておらず、そこで人は思考する。選択を制御する。そこに「ビュリダンのロバ」と人間の大きな違いがあると言う。大切なのは、どちらを選ぶかは他のものに委ねようと認識することであり、選択の必然性を意識するということである。これが意志であり、具体的には選択反応を自らが制御することである。私たちは自然や文化・社会の法則に従わざるを得ないことがある。私たちはこれらの一部だからである。だが、同時に、これらの過程で自らの手で選択反応を制御している。

ヴィゴツキーはこの章で、ウイリアム・ジェイムズの「フィアット（fiat）」の概念に言及している。ジェイムズの「フィアット（fiat）」の概念は、『心理学原理（*The principles of psychology*）』(1890) の第26章「意志」のことである。「フィアット」とは、人がある動作や行動をとる時には、一つのあるべき目的に沿うように主体が具体的な行動の仕方を自身が「フィアット」＝「命令する」というものである。このようなまとまった動作、自発的な行為に「フィアット」が表れている。

ジェイムズは、細切れの経験をまとめ一つの流れとしていくものが「人格」であると考えたが（ジェイムズの「心的素材説」）、ヴィゴツキーのシステムの発想に近いものをこの「人格」とその具体的な行為の「フィアット」に込めていた。

ヴィゴツキーは、ジェイムズの「フィアット」は意志的行為の説明としては必要不可欠なもので、科学的な決定論、つまり合理的なものだけでは意志は基礎づけられないと言う（邦訳 p.337）。人間の意志的行動はまさに、「こうあるべきだ」という「フィアット」が支配しており、時には自分にとっては避けるべきことをあえて行わなければならないことがある。たとえば、ハンガー・ストライキで飢えに耐えるという、ヴィゴツキーの言う「最大の抵抗路線」をとらせるのは、自分の意志によるもので、それは「そうなれ、かくあるべし」という「フィアット」である。これが一連の行為を起こさせている。明らかにジェイムズの意志論を敷衍した考えである。ヴィゴツキーは意識を論じている中で主体の意志や目的性を位置づけた。

『文化的・歴史的精神発達の理論』のまとめ

ヴィゴツキーは、『文化的・歴史的精神発達の理論』の各所で、自然的発達と文化的発達という多様なシステム間の機能の連関と結合が発達の生成を実現していると述べている。まさに彼の発達理論の根幹にあるシステム論である。そして、文化的発達を促していく教育や文化的な働きかけは、必ずしも均質的な発達を作り出すような機械的なものではないとも言う。だからヴィゴツキーは、優れたチェスの選手やクラシック・バレーのダンサーが他の分野でも優れているなどといったことはないと指摘している。そこには外的な働きかけを受けて個人がどういう発達を開花させていくかという、個人の独自性がある。このヴィゴツキーの考えは、近年の認知心理学の熟達化の研究でも言われている、能力を広い領域に当てはまる「領域一般性」としてみるのではなく、あくまでも特定の個別分野毎に能力があるとする「領域特殊性」の考えともつながるものである。これまでの能力一般として人の才能や能力をみていく考え方に修正が起きている。

ヴィゴツキーもここで、ビネーのような「領域一般的」な知能の捉え方や能力観を批判している。ヴィゴツキーの先見性がここでも発揮されているが、ちなみに、ヴィゴツキー自身、チェスはプロ並みの能力があり、ロシアのチェスの名人であるブルーメンフェルドとチェスについて対談し、彼のノートの第23章「先の見えない動き」の中で「心理学とチェス」というタイトルで考えをまとめている（Dubious Moves, pp.383-389）。そこでは、彼はチェスというゲームは、まさに予見できない中で意志的な自由な選択行動をしていくことを論じる格好のものになっていると指摘している。知能や能力の一般性の議論ではなく、自らの意志で行動を選択していく能力ということである。

ヴィゴツキーは『文化的・歴史的精神発達の理論』の中心的なテーマであった文化的発達の過程は、子どもの人格の発達でもあると言う。人格は、歴史・文化的な中で形成され、その意味では子どもの人格は文化的発達でもある。そして、人格は人間の行動を統一するものであり、それは人間の自由と選択行動としての意志という形で論じられるべきものである。文化的発達は子どもや人間の世界観として社会、そして文化的な態度の形成でもある。世界観は、行動を統一するもの、世界に対する基本的な態度、文化的態度である。

このように、文化的発達という視点を持つことで人間の発達を総合的にみていくこと、つまり文化・社会の中で生き、発達していく子どもの現実の姿を捉えていくことが可能になる。

Ⅶ　ヴィゴツキーとルリヤの比較文化研究

ヴィゴツキーは人間の認識活動に歴史・文化がどう作用しているか、その解明に理論と実証の両面から取り組んだ。『人間行動の発達過程――猿・原始人・子ども』(1930)と『認識の史的発達』(1974)である。

二つの著書から、未開人や辺境の地に住む人たちの認識はそこでの具体的な状況や生活基盤に基づいた実践的な活動や思考であることが見えてくる。未開の人たちについては前論理的な思考をする発達が遅れた人間としてみることがあったが、ヴィゴツキーとルリヤは歴史・文化的な視点からするとそれは間違った発想で、現地の人たちの認識と発達というのは、あくまでも彼らの歴史的・社会的環境の中で必然的に形成されたものだとした。

1　人間精神の原初と本質にあるもの

『人間行動の発達過程――猿・原始人・子ども』は三つの章から成り、第1章ではチンパンジーの問題解決の行動と人間の知的行動を比較しながら、人間は労働を通して新しい文化と道具の創造という自然的発達を超えた存在となっていくと言う。第2章では、未開の人たちの行動と思考を通して、今日の人間にもある人間精神の普遍的、原初的な姿を明らかにしようとする。その原初形態は具体的には人間は記号という道具を造り、それを利用していることである。この二つの章をヴィゴツキーが担当している。第3章はルリヤの担当で、子どもの文化的発達についてである。

第1章と第3章の内容に関しては既にこれまでに複数の章で議論してきたので、ここでは主に第2章を中心にみていく。

■三つの人間発達の時間

ヴィゴツキーは、心理学の対象を含めてあらゆる事物の本性を明らかにしていくためには、その背景にあるものを歴史的・発生的な視点でみていくことが不可欠だと考えた。もちろん、それだけでなく、歴史的、文化的なものに支えられて文化的発達を実現していく個人の発達過程も同時に明らかにしなければならない。系統発生、歴史・文化的変化、個体発生という三つの時間を総合的にみていくことで、人間の発達の生成過程を明らかにするのである。さらに、個体発生の中には微視的な発生の過程がある。短い発達変化の中で起きていることである。ヴィゴツキーたちは、この微視的な発達的変化を実験的な「二重刺激法」を用いて明らかにしている。

■未開人にみる現代人の原初の姿

ヴィゴツキーは第2章のはじめで、未開に生きる人たちの原始的な反応には現代人の思考の原点があるとした。未開の人たちの活動を問うことは、今日のわれわれの心理的なものの原初にあるものを明らかにする。もちろん、今日の人間の行動の多くはその歴史的発達の中で文化的発達を実現しており、未開の人と違う点は多い。だが、文化的な行動としてその形態は違っても、根源には共通なものがあると考えた。

未開人と近代人との間にある連続性や共通性として、記号の使用がある。特に記号の働きの一つである対象への指示機能と指示表出の仕方には、その形態の違いがあっても共通性がある。古代ペルーやその他の地域ではクピプ、あるいはキープと呼ばれているが、紐に多数の結び目を作り、自分の家畜の頭数を示して富の多寡を表すという指示表出法を使っていた。これは自分の記憶装置でもあり、同時に富の所有者という自己表出の機能もある。

さらに古代ペルーの部族では、クピプが個人の指示表出や記憶装置の働きを超えて、部族の共通の自発的な表出の機能として使われていた。ここで使われているクピプは、図4のように、赤い紐は戦争、緑はとうもろこし、黄色は金を示すというように、紐の色が特別の意味を表現している。部族の代表者がその土地の様子や歴史を表現したクピプを首に下げ、中央から視察にきた者にこれを示して税の徴収、戦争のことなどを説明していた。

この場合には、個人としての自己表出でもあり、同時に部族の集団的表出にもなっている。だからヴィゴツキーは、この種の指示表出とか記憶の手段として使われているものは、最初は社会的な目的のためであったが、後になって自分のための記号になっていったと言う（邦訳 p.86）。このヴィゴツキーの発言は、マルクス主義的な労働という社会的な活動とそこで使用される道具の役割から人間精神を論じていく基本的な枠組みによるが、同時にこの道具という事物が持っている対象的意味が人間のシンボル活動や意識を生成するという点は、マルクス主義では十分に説明されなかった部分でもある。

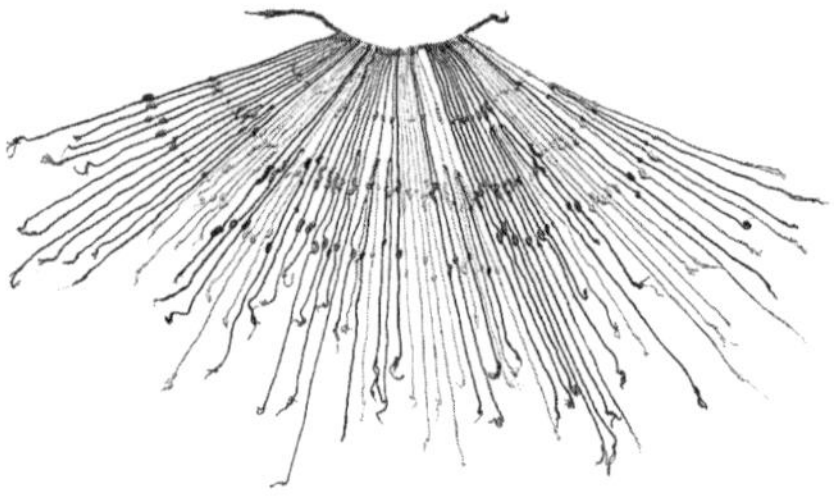

図4　インカ文明で使われたクピプ（キープ）

未開の人たちの多くは具体物を使ったシンボル（象徴）的表示とその使用を行っている。ここが、動物と決定的に違う人間の特徴である。類人猿はシンボル（象徴）について理解できない。人間は、自分が通ってきた道を迷わないで戻れるように木の枝を折って目印にしておくといったインデックス（指標）を使用する。類人猿もこの種のインデックスは使っている。だが、人間の場合は具体的な対象の表現を超えた抽象的なシンボルの世界に生きている。シンボルについての哲学的考察で知られているスザンヌ・ランガー（Langer, S. K.）は『シンボルの哲学』（1957）で、シンボルは対象の単なる代理ではなく、対象についての概念（conception）を運ぶものであり、シンボルが直接「意味する」ものは概念であって、事物ではないと的確に述べていた。そこに言語的表象を可能にする人間の独自の発達がある。

もちろん、人間の記号の使用の歴史を考えた時に、言語という抽象的な表現手段を使う前に事物を使ったシンボル表現があり、そこからの移行として言語的なシンボル表現への歴史があるということである。このことを具体的な例で考えてみよう。

ヴィゴツキーが複数の著書の中で紹介し、未開の人の記憶としてあげていることに、極東地方の探検家・アルセーニエフが沿海州で体験したことがある。この逸話は本書のVでも取り上げたので詳しい説明はしないが、この地方に住むウデへ人たちがこの地域を支配していた中国人のリー・タンクイ（李太官）から搾取され続けており、ハバロフクスに着いたら、その窮状を政府に報告することをアルセーニエフに頼んだ。そこで、この依頼の内容を忘れないようにと、老人が山猫の爪をアルセーニエフに与え、それをポケットに入れておくようにしたのである。

ヴィゴツキーは、アルセーニエフが体験した山猫の爪を記憶を補助する技術的道具の例として使っているが、これは同時にウデへの人たちが迫害やその窮状を訴えている事実を表すシンボルの働きをしている。もちろん、この対象で表されていることはウデへの人たちと、そこでの出来事を知ったアルセーニエフだけが共有しえるものであって、あくまでも具体的な事物という状況的な制約の中でのみ機能しているが、シンボル的意味の原初形態は多分にこのような具体的なものの使用から始まっている。

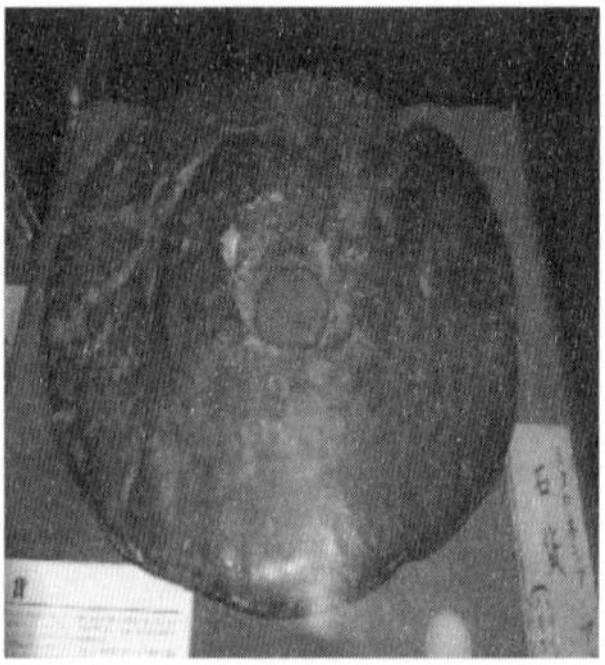

図6　ミクロネシアの石貨
（北大博物館・所蔵）

図5　いくつかのトークン貨幣

同じことは、硬貨の原型でもあるトークンにも当てはまる。珍しい貝殻や石などを加工して売買の手段として使用すると か、時には儀式の道具としてミクロネシアで用いられた、巨大な石を硬貨のようにした石貨もあるが、いずれも事物によって貨幣的価値というシンボル的意味を表現したものである（図5、6）。これはこの意味が共有された限定された地域と場で了解可能なものである。通常われわれが使う貨幣は使用される空間的、時間的な制約を超えた大きな文化的な意味を持ったものになっているし、先の山猫の爪の場合でも、それが文字によって書かれた嘆願状になると、時間も空間も超えたものへと変容する。そこで働いているのは、言語が持っている共有化を可能にする語義（意義）による表現であるが、その出発にあるのは具体性のレベルでの事物によるシンボル的意味の表現とその共有である。そして、今日の私たちが抽象的なシンボルの世界で活動をしている場合でも、その原初の姿は未開の人たちのそれに見出すことができるのである。

2 未開人にみる二つの側面とアニミズム再考

ヴィゴツキーは第3節「生物学的タイプとしての原始人」で、未開の人は今日のわれわれのような文化的人間とは違って、優れているところと劣っているところの二つの側面があると言う。未開の人に出会った探検家や旅行者がしばしば指摘するのが、彼らの視覚や聴覚などの鋭敏さ、小さな手がかりや状況を正確に把握すること等である。ヴィゴツキーが紹介しているのが、アルセーニエフがウスリー地方の探検調査に同行した現地の一人・デルス・ウザーラである。彼はツングース系の少数民族のゴリド族である。アルセーニエフが沿海州付近の開発調査でウスリー地方のシベリアの密林の調査をした時に、水先案内の役割を果たした人物である。

アルセーニエフがこの人物がみせたさまざまなものの考え方と行動について探検調査のエピソードを織り交ぜながら書いたのが、『デルス・ウザーラ』(1930) である。デルス・ウザーラを主人公にしたものに、黒澤明の監督・脚本による映画作品がある。

アルセーニエフはデルスから密林での生活の仕方を学んだ。だからデルスのような人物と生き方を伝えたいとして『デルス・ウザーラ』を書いた。そこには自然人としてのデルスの知恵と、そこから受ける感動がある。この本は、はじめは地方のウラジオストックで出版されたために、広く読まれることはなかった。だが、この本をゴーリキーが芸術的にも高い価値があるとして世に広めたこともあって、1930年にモスクワの国立出版所から再版され、多くの読者がこの本を手にして全国に広まっていった。ヴィゴツキーもその読者の一人であった。

ヴィゴツキーもアルセーニエフの記述から、デルスの類まれな能力として、動物のわずかな足跡や物音から正確な判断や危険を予知し、密林の中で自分たちが辿ってきた道やあらゆる出来事を迷うことなく厳密に順を追って再現したと述べている。デルスは家族を天然痘で失ってからは、定住することなくシベリアの奥深い森の中で狩猟をしながら生活していたが、いつも自然と一体になりながら森で生きる術を身につけていた。わずかな雲や空気の変化や鳥の動きを見ながら明日の天候を正確に予測していた。森に生きる狩猟民であるから、むやみに動物を捕ることをしないであくまでも自分にとって必要なものだけを取り、自然環境をいつも敬う精神に徹していた。だから、彼は自然に対してアニミズムの考えや精霊信仰でもって向き合っていた。デルスは地上のすべてのものに生命が宿っていると考え、これらを人になぞらえている。野営で焚き火をしている時に、木の燃え方が悪いとこの人は機嫌が悪いと言い、火を指さして、あれも人と同じと言う。北極星を見て、「あれ一番偉い人、いつも一人で立っていて、周りを全部のウイルタ（星）が回っている」という具合である。このように彼は周囲のすべてを人格化し、時には敬っている。彼の自然観は完全にアニミズムである。

ヴィゴツキーはアルセーニエフの作品を読んで、次のように指摘している。「文化的人間にとってみれば非常に小さな、そして見分け難い形跡によって過去の出来事の複雑な光景を再現するこの能力は、旅行者が置かれているような状況の中では文化的人間に比べて原始人の方に大きな優越性をつくりだし、文化的人間が原始人に大きく依存する状況をつくりだすのである」（邦訳 p.67）。

アニミズムの考えをどのように位置づけていくべきだろうか。近代社会で生きている人間からすると、アニミズム的思考はあくまでも自分の視点からしか世界を解釈しない未発達なものとみえる。その典型的な発達観がピアジェ（Piaget, J.）のそれで、発達段階としては幼児期に属し、論理的に物事を考えることをしない幼稚なものとされてきた。このような解釈の仕方は、近代合理主義の下で世界を論理によって客観的に捉え、また世界を支配することを目指すものである。だが、私たちは自然の中で生きていくという、ロゴスとは別のもう一つのピュシス（自然）の一部であるという発想に立つならば、アニミズム的なものの考え方や見方は自然との関わり方として決して前・論理的なものではない。だから、デルスのような文化的環境の中で活動している者にとっては、きわめて正しい自然との関わり方であり、優れた適応能力を持った生き方でもある。

アニミズムは幼児性の表れだとする、これまでの発達研究で言われている常識とは別の視点でアニミズム的思考を位置づける考えがあることを指摘しておきたい。波多野誼余夫は彼のいくつかの著書（波多野・高橋 1990, 1997）で、アニミズムは対象に対する認識理解の枠組みの一つであって、環境との関わりを通して高度な生物や生命概念の本質にあるものを理解していく自然との優れた適応の形態でもあり、それは、成人にも当てはまる認識でもあると述べている。

もちろん、ヴィゴツキーは人間の発達として、未開人とは違うもう一つの側面があること、未開人の劣っている部分も指摘する。未開の人は個々の具体的な事物に対応する形で単語を使って表現している。土地や樹木、動物なども、それぞれ個々のものに対応させて細かく単語を区別して表現している。ヴィゴツキーは次のように言う。「この語彙の豊富さは、原始人の言語が具体的でそして正確であることに直接依存している。彼の言語は彼の記憶と彼の思考に相応している。彼は自己の経験全部を記憶しているのと同じように正確に映し出し、そして再現する。彼は文化的人間のように、抽象的に、また仮定的に表現することができない。それ故、ヨーロッパ人が一つか二つの単語を使うところで、原始人は、ときには十の単語を使う」(邦訳 p.90)。

ヴィゴツキーは、未開人が細かな事物を丸ごと憶えているという彼らの記憶はイエンシュが指摘している直観像的形態ときわめて近いと述べている。このような未開人が感光板に見たことをそのまま描写したり、記憶することは長所でもあり、また同時に短所でもある。彼らの言葉は事物から分離することなく、直接的な感覚印象と強く結びついているからである(邦訳 p.91)。だから、ヴィゴツキーは次のようにも言う。未開人はわれわれのような概念を持っていない。彼らは抽象的な類的ものを示すような名称には関心を払っていない。彼らは言葉をわれわれとは違った別の方法で用いている。それは彼らの思考様式の特徴となって表れている。未開の人たちに共通にみられる複合的思考である。彼らの言葉は個々の事物の記号や、それらの複合体を表す記号となっている。われわれの概念による思考とは異なっているところである。

3　ウズベキスタンにおけるフィールド研究

ヴィゴツキーとルリヤは、１９３１年と１９３２年に中央アジア・ウズベキスタンの文化的に辺境の地で暮らしている人たちの認識活動についてフィールド研究を行っている。当時ウズベキスタンでは、革命がもたらした社会変動がまさに起ころうとしていた。彼らは文化的発達として、長い歴史的過程の中で未開人がどのような経緯によって文化的人間となっていくか、それを一つの地域に住んでいる人たちの社会変動の中でみていこうとしたのである。そこで、文化的発達の解明のために用いてきた「二重刺激法」と同様のことを、大きな地域単位で行おうとした。実際、ヴィゴツキーとルリヤは人間発達について実にさまざまな側面から調査を行い、その地に住む人たちの文化的実践とその変化、さらには学校教育による読み書きの教育の効果が彼らの認識の仕方にどのような変化として表れているかを詳しく分析している。

■調査研究の目的と調査内容

この調査が行われた背景について確認しておこう。この調査を開始する前、革命で社会主義政権へ移行したソビエト政権は、連邦に属する中央アジア一帯の社会改革に乗り出した。特に１９２９年からは社会・経済的制度や文化内容の大規模な変革が開始された。その具体的な形が集団農業経営、いわゆるコルホーズである。

ウズベキスタンはそれまでは天然綿花栽培農業が中心の後進地域で、一握りの「富農民」が多数の農民を搾取・支配するといった服従と階級差別が横行していた。住民の多くは文盲で、宗教もイスラム教による伝統的な因習が強かった。イスラム教が支配的な中央アジアの多数の地域では、その戒律から女性は対社会的な部分ではいくつかの制約を受け、教育の必要性も認めていなかった。

革命政権にとっては、集団農業を成功させ、それを支えていくために、このような現状を打破し、文盲の解消を目指した教育を普及させることが急務であった。実際、読み書きの教育などが比較的短い間に集中的に行われたが、文化と教育改革によってウズベキスタンの人たちの認識内容にどのような変化があったのかを調べることが、心理学研究所にソビエト政権から求められた仕事であった。

この研究の実施にあたって、ヴィゴツキーは調査が始まる前の1929年の春にウズベキスタンのタシュケントで数回にわたって研究計画などを説明し、現地調査のための下準備をしている。実際の調査はルリヤが行い、モスクワに加えて地元ウズベキスタンの大学教授や学術教育局の人たちも含めた十数名が調査者として参加している。調査は1931年から1932年の間に行われている。ルリヤは国外の研究者にも参加を要請し、ゲシュタルト心理学のケーラーやレヴィン、コフカ、そして同じくドイツの民族学者のトゥルンヴァルトにも声をかけていた（Veer & Valsiner, 1991a）。だが、実際に参加したのはコフカ一人だけで、彼は主に現地の人たちの知覚の研究を担当した。

コラム 「ウズベキスタンからの報告（Results from Uzbekistan 1・2）」

（ヴィゴツキーのノート・第12章 pp.178–184）

ルリヤは現地から調査結果の概要をヴィゴツキー宛の手紙で報告している。これをもとに検討会が二回行われている。これがノート・第12章にある「ウズベキスタンからの報告」である。

ルリヤからの一回目の報告はウズベキスタンの人たちの図形や色の知覚、ロールシャッハ図版等についての独特な知覚反応についてであった。彼らは図形を円や三角形といった抽象的なカテゴリーで捉えたり、図形全体をまとめて見るゲシュタルト的反応が少なかった。これらの結果は、ルリヤがまとめた『認識の史的発達』でも繰り返し述べられている。

二回目の報告は、主に彼らの概念作用に関するものである。その概念内容はわれわれのものとは違っており、そこからともすると彼らの概念は未熟な水準のものとみなしてしまいがちであるが、それは間違いであるとしている。彼らは独自の高次なシステムを持っているということである。

概念は文化の中で使われている言語によって左右されており、概念の定義は語（「語の語義」、いわゆるmeaning）によって示されているもの同士の関係によって決められているとすると、どういう概念であるかは言語のあり方によって変わってくる。われわれが持っている概念によって事象を体系化していくような認識と、ウズベキスタンの人たちのそれとは違っている。そこからわかることは、言語を基礎にした概念体系とは違った具体的な事象についての直接的な経験による独自の世界の把握と理解の仕方があるということである。

ウズベキスタンの人たちは、概念をしばしば現実の場で事物の間の複合や仲間としてまとめるといった視点で理解している。たとえば、われわれは魚とカラスを動物という概念でまとめるが、ウズベク人はカラスが水の中にいる魚を捕るという複合の形で結びつけている。概念の定義についても、ウズベキスタンの人たちは独自のものを持っている。たとえば、「目が見えない人がいたとして、太陽を直接見ることができない人にあなたはどう説明しますか」という質問には、「その人が見えないならば太陽について具体的に教えることはできないし、われわれの頭の上に出てきて、温めているものだ」といったように、自分の経験に基づいている。そこには概念の一般化という発想はないが、概念を持っていないわけではない。

■調査結果をめぐる議論

二年間にわたるウズベキスタンにおける調査の後、調査結果の概要はルリヤによってモノグラフの形で1933年の暮れから遅くとも34年の初めまでにはまとめられていた。だが、その詳細な内容をまとめた『認識の史的発達』(1974) は、いくつかの事情があって出版されないままであった。

この調査研究がどうして四十年もの長い間出版されなかったのか、その主な理由をコールの本書への序文 (Cole, 1976) とフェールとヴァルシナー (Veer & Valsiner, 1991b) は次のように指摘している。ヴィゴツキーたちの研究に批判的であったラズムィスロフ (Razmyslov, P.) が、雑誌『書籍とプロレタリヤ革命』(1934) で、ルリヤがコルホーズ・農業生産に参加していた人たちの認識能力を正しく評価しておらず、そこには調査結果のバイアスがかかっていると批判した。たしかに、ルリヤの調査ではコルホーズにおける活動がそこに参加した人たちの抽象的なものの考え方を促すことには必ずしも有効ではなかったという結果であった。教育プログラムに二、三年間参加していた女子学生は認識変化に改善がみられたが、集団農業経営の講習会に参加していた人たちの場合は、講習期間が短かったこともあり、十分な文盲の解消につながらず、認識能力の大きな改善もなかったのである。このように、調査結果は政権が期待するものではなく、文化改善による効果も限定的であった。

ここで指摘しておかなければならないのは、ルリヤ自身はコルホーズ・農業生産の考えに決して否定的ではなかったことである（Veer & Valsiner, 1991b, p.255)。そのことと調査結果とは別のことであった。

ラズムィスロフは、ルリヤたちが行った調査ではコルホーズに参加していた人たちについての認識能力の改善について十分に詳細な検討が行われていないと批判している。そして、このような異文化圏における比較文化研究の重要性が十分に認識されていなかったこともあって、結局、１９３６年のソビエト心理科学における「児童学法令」で、数十年間この『認識の史的発達』の出版は禁止となった。この「児童学法令」は、ヴィゴツキーたちの「児童学」を批判するものでもあった。

4 『認識の史的発達』

『認識の史的発達』はルリヤによる単著で、最終的に彼の手によってまとめられたが、実際はヴィゴツキーとの共同研究によるものである。

■比較文化研究、その基本的姿勢

第1章は、はじめにヴィゴツキーたちの言う人間発達は社会・歴史的なものに依っていることの確認である。

ここで、ルリヤは異文化比較研究について言及しながら、『認識の史的発達』の出版が四十年以上留め置かれたことによって、かえってそこに新しい知見を加えることができたと言う。ルリヤは、未開の人たちの認識の特質は、彼らが生得的に劣っているのではなく、社会・歴史的な条件の結果であるとして、その多くは植民地政策による文化的疎隔が背景にあることを指摘する（邦訳 p.23）。すなわち文化的差異は民族の人種的差異などではなく、文化・歴史的なものを背景にした文化的実践の差異によるものであり（邦訳 p.19）、それはその後の比較文化研究によっても明らかにされてきたと言う。その一例は、幾何学的錯視はわれわれの生活空間の特徴である角のある建物の中で生活しているために生じているという説明などである。

ルリヤがもう一つあげている例は、ブルーナー（Bruner, J. S.）たちがアフリカのセネガルで行った比較文化研究（『認識能力の成長』1967）であるが、彼らの研究からわかったことは、認識の発達には社会・歴史的なもの、中でも教育の役割が大きく作用していることであった。

コール（Cole, M.）は『認識の史的発達』の英語版の序文で、ルリヤとヴィゴツキーによる中央アジアにおける研究はまさにその後の比較文化研究の先駆けとなったと言う。コールはルリヤが存命中の、『認識の史的発達』が出される前の１９６６年に、ルリヤと一緒に中央アジアの調査研究の資料を吟味する作業を行っている（コール『文化心理学』邦訳 p.145）。その後、コールは『文化心理学』（1996）で中央アジアの研究を何度も取り上げている。

■教育経験による調査対象者の反応の違い

ルリヤは、調査に参加した人たちを文化的背景や読み書きの教育を受けていた程度に分けて反応の違いを分析している。農村部で、イスラムの教えに従って社会的活動も制限され、教育を受ける機会もなかった文盲の女性（「イチカリの女性」）、幼稚園教師養成のための短期講習に参加している女性で多少の読み書きができる人たち（「幼稚園教師養成講習参加者」）、コルホーズ・集団生産活動に参加し、短期講習を受けていた男性で、多少の読み書きができる人（「コルホーズ活動員」）、学校に在籍し、教育を二、三年受けていた女性（「教育を受けた女性」）の四つのグループである。

■ウズベクの人たちの知覚特徴

図形や色の知覚では、ウズベク人の多くは図7にある2や5のように閉じていない図形では、われわれが通常受け止めるような円や三角形とは見ないで、自分が身に着けている「お守り」や、指輪、ブレスレットを表すものとしている。ゲシュタルト心理学で言う全体として物を見ていくという知覚法則は、ここでは当てはまらない。円や三角形のようなカテゴリー的名称で名前を呼んでいたのは、「教育を受けた女性」たちだけである。色の知覚では、ウズベクの人たちは色を感情的、心理的なもので受け止めている。そして、自分たちが実際の生活の中で用いている事物の色についての語彙はかなり豊富であったが、カテゴリーとして色をまとめることが難しかった。特に「イチカリの女性」に顕著であった。彼女たちは「子牛色」や「ピスタチオ色」、さらには「綿屑色」といったように、事物についての色の名前を多数持っている。それに対して、「コルホーズ活動員」は赤、青といったカテゴリー的な色の名称を使っている。抽象的な幾何学的概念や色を名前で分類するといったことは、学校教育を通して得ることができるもので、具体的な身の回りにある物との関わりの中で育った人たちには難しいことであった。

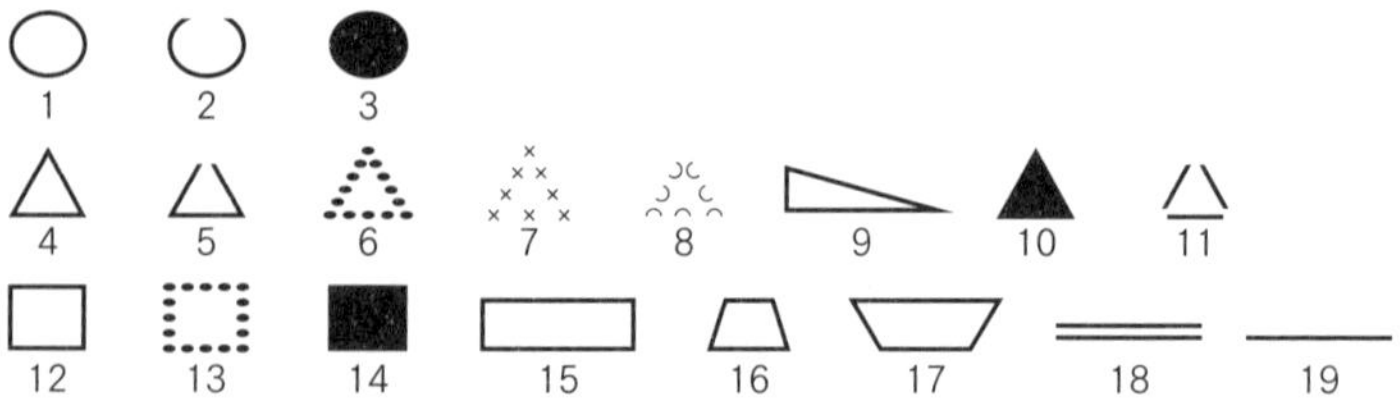

図7　調査で使用した幾何学図形

■ウズベクの人たちの抽象的概念

ウズベクの人たちは、どこまで抽象的概念や範疇的思考を持っているのだろうか。あるいはそれらは文化的変容や教育の導入によってどのような変化が起きているのだろうか。ルリヤの前提にあったのは、直観や現実の場面に基づいた思考は実践的活動によるもので、概念的思考へと移行していくためには論理的思考を促す教育が必要だということであった。

調査の結果、概念的思考へと変化していくのに大きく与っているのは、やはり学校教育の経験であった。短い期間の講習会だけに参加していたコルホーズ活動への参加者は、直観・現実的思考と概念的思考の間の中間段階の反応であった。

分類の課題で抽象的カテゴリーを使わない人たちは、実際の生活の中で使うことができるという実践的な機能から事物を一つにまとめている。「ハンマー、のこぎり、丸太、なた（まさかり）の三つで似ているもの」を尋ねると、一人の男性は、「みんな似ている。木を切るのにはそれらが全部必要だ」と言う。数年間の学校教育の経験がある人たちでは、概念的カテゴリーで事物を分類し、論理的な思考を展開していた。学校教育では内容としてこの課題で求められるような言語的・論理的な思考や概念的カテゴリーを使っており、この種の課題に教育効果があったのは頷けることである。

■推論の形式

推論の仕方でも、教育経験のない人の場合は三段論法とはまったく無縁な思考の仕方をしている。論理的な推論過程は、われわれの狭い実態的経験や事物の直観や直接的な経験に縛られることから解放してくれる。それを可能にするのは、言語的・論理的コードを身につけていくことである。当然、辺境の地に住み、学校教育の経験のない文盲の人は、そのハンディを負うことになる。彼らは「綿は暑くて乾燥した所だけに育つ。イギリスは寒くて湿気が多い。そこでは綿は育つだろうか?」という三段論法の課題を前にして、「わからない。私はカシュガルにしか居たことがないから、それ以上のことはわからない」と答えている。

別の質問でも、「雪の降る極北では熊は白い。ノーバヤ・ゼムリヤーは極北で、そこはいつも雪がある。そこの熊は何色をしているか?」にも、「いろいろな熊がいる」と言う。再度、同じ質問を繰り返すと、「わからないな。黒い熊なら見たことがあるが、他のは見たことはないし……」。「ノーバヤ・ゼムリヤーにはどんな熊がいる?」と尋ねると、「われわれは見たことだけを話す。見たことがないものについてはしゃべらないのだ」と答える。

このように、三段論法から結論を出すことを拒む人たちが多く、彼らの推論の基本にあるのは、自分たちが直接経験したことで考え、判断していくというものである。見ることができないものは思考の範囲の外に置いてしまっている。このようなグループの人たちと対比的に、教育を受ける機会を持った人、集団農業活動に参加している人たちは、三段論法で考えることが多くなっていた。論理的な形で推論していく場面では、コルホーズへの参加やそのための講習会といった教育経験の効果があった。

■ウズベクの人たちの想像活動と自己意識

ルリヤは著書の終わりの部分で、ウズベクの人たちの想像活動と自己意識の特徴について、その調査結果を短く述べている。辺境に住み、教育を受けることのない人たちの認識は、現実の生活の中での実践的活動とその現実場面に縛られたものであったことを考えると、彼らは経験したことのないことや、未知のことを思い巡らすこと、つまり想像をすることが難しかった。

ウズベクの人たちは、どのような自己意識を持っていたのだろうか。ルリヤは、自分自身の性格をどう評価するか、自分の長所や短所に気づいているか、そして自分と他人とはどんなところが違うか質問している。僻村に住む文盲の人は、ほとんどが自分やその性格について注意を向けることなく、他人のことや他人の性格のことを語り、自分たちの日常生活を中心に語っていた。社会的なことや他人との関係を通して自己意識そのものへと至ることはなかった。これに対して、コルホーズの活動に加わり、短い期間でも教育を受けた人は、コルホーズのグループ活動の経験を通して、その中で自分自身の性格や心理的特徴を意識していくようになっている。

■ウズベキスタンにおける文化比較研究で得られたこと

一連の調査で改めて明らかになったことは、辺境の地に住み、教育を受ける機会がなかった人たちの認識活動の基本は、自分たちの直接的な実践活動を通して見聞きしたことから得ているということであった。論理的カテゴリーの中で考えていくことを可能にする形式的で論理的操作を可能にしていくのは、学校教育である。それは、教育を受ける経験を持った人の反応に表れていた。だが、コルホーズに参加し、そこで短い講習を受けただけでは、認識変化が大きくは変わらなかった人も相当数いた。

人が抽象的に考え、一般化の方向へと思考を展開していくことは、ピアジェが主張したような普遍的なものではなくて、ヴィゴツキーが正しく指摘するように歴史的、文化的な過程の中で形成されている。そこで、ルリヤは次のように指摘する。「何世紀にもわたって哲学および心理学において基本的なものとされてきた、思考の基本的カテゴリーは不変である、という考え方を根本的に検討するあらゆる根拠を与えてくれる」(邦訳 p.147)。

ルリヤは終章で、この調査結果からコルホーズの集団農業への参加、さらには比較長期間教育を受けるといった社会生活における条件が変化し、そこで求められる基本的な知識を習得していく機会が与えられることで認識過程の形式も変化したことを説得的に示すことができたと言う。ルリヤの発言である。「社会・歴史的発達は … 意識活動の新しい形式、認識過程の新しい構造を作り出し、人間の意識を新しいレベルへと移していくのである。… 人間の心理生活の基本的カテゴリーは、社会的実践の基本形式が変われば変化し、かくして社会的性質をもつところの社会の歴史の所産として理解されるようになり始める。心理学は、何よりもまず心理活動の社会・歴史的形成についての科学となり、社会的実践の基本形式ならびに社会の史的発達の基本段階に緊密に依存している心理過程の構造についての科学となる」(邦訳 pp.241-242)。

ヴィゴツキー、そしてルリヤの手によって行われた中央アジア・ウズベキスタンの調査研究は、比較文化研究としては当時としてはきわめて挑戦的な研究であった。それは、人間の認識を歴史・文化的に論じていくことが不可欠であることを改めて確認させるものであった。

最後に、このことは指摘しておかなければならないが、ルリヤが調査を行ったのは１９３１年と３２年という、この地域がソビエト連邦の一員に加えられ、経済体制や文化政策でも大きな変革が押し寄せてきた時期であった。だからこそ、このような短期間での社会的・文化的な変動による認識過程の変化の有無を調べることが可能になったとも言える。もちろん、そこにはこのような教育改革から取り残されたまま僻村に住み、昔ながらの綿花栽培や農耕に従事していた文盲の人たちも多くおり、その人たちの認識活動の特徴も明らかにすることができた。

だが、今日、このウズベキスタンではほとんどの人が学校教育を受けており、また共和国として独立した国家として、豊かな経済と文化国家を構築してきている。ここには大きな歴史的変化がある。

Ⅷ　『思考と言語』、そして意識研究

『思考と言語』（1934）は、人間が言葉を獲得していくことを通して概念、そして思考を新しい形式として形成していく過程を詳細に論じたものである。この過程の中で人間は意味世界、さらには意識を作り上げている。そしてこの著書では個人の学習と教育という発達を促していく二つの活動の相互規定的な関係が議論されている。

1 『思考と言語』の構成と執筆時期

『思考と言語』は、ヴィゴツキーの最後のまとまった著書として1934年に出版されたものだが、それまでに書かれていた複数の論文に加えて新たに書き下ろしを加えた、いわば論文集である。どの章がいつ書かれたのかを確認できるのが土井捷三の『ヴィゴツキー［思考と言語］入門』(2016) と、ファン・デル・フェールとヤスニツキー (van der Veer & Yasnitsky, 2016) の「ヴィゴツキー、その出版物 (Vygotsky the published)」である。

『思考と言語』の中で書き下ろしとして加えたのは、序章、第1章、第6章、そして第7章の四つである。この四つの書き下しの論文の間に以前に書かれていた四つの論文が配置されている。第2章はピアジェの初期の二つの著書についての1930年の評論、第3章はシュテルンの『幼児の言葉』(1928) についての書評である。第4章「思考と言葉の発生的根源」は1928年に書かれた論文である。第5章は概念形成の実験を通して概念発達をみたもので、『思春期の心理学』(1930) の第2章の中の第5節から第24節の転載である。

なお、『思考と言語』で言う思考はмышление、言語はречьで、それぞれ英語のthinkingとspeechに近い意味であり、これらは思考すること、話すことという活動を意味するものである。思考の結果であるмыслаは思惟、あるいは思想を意味している。

2 思考過程と言語活動の機能間連関と意識研究

ヴィゴツキーは『思考と言語』の冒頭、第1章で、本書で最終的に明らかにしたいものは何であるかを語っている。それは、思考過程と言葉の活動とが連関していく中で思惟や思想が形成されていくことを明らかにすることである。思考することと話すことの間の機能的連関を問題にすることは、最終的には人間精神の意識を科学的に明らかにしていくことである。意識研究が『思考と言語』の中心テーマであることは、この本のまとめの第7章でも繰り返し語られている。

■ 思考することと話す活動のシステム的連関

ヴィゴツキーは、思考することと話すことの二つの機能に注目し、この二つの異なったものの機能的連関として「言語的思考」があると言う（邦訳 pp.18-19）。この言語的思考が持っている言葉の内的側面として意味が生じ、それが人間の意識活動を実現していく。意識の問題を思考と言語の二つの活動を通して明らかにしていくことができるとした発想には、彼が人間の精神を説明するための最も基本とした「心理システム論」がある。

ヴィゴツキーが研究の対象をバラバラの要素にしないで、機能的に結びついたユニット（単位）としていくという考えは、『思考と言語』に限らず他のところでも広く論じているが、それは、マルクスの『資本論』にある「細胞」の考えによるものである。経済的諸形態の分析では、資本主義社会の商品形態と商品の価値形態が分析すべき対象の最小単位の「細胞」になっている。人間の精神を解くうえでの最小単位が思考と言語ということである。

ヴィゴツキーは、このような心理的機能の間の発生過程をユニットとしてみていくことを「因果的発生分析」と呼び、異なった機能の間で起きていることを分析していくことが人間精神の発生、そしてその発達過程の解明にとっては不可欠なことだとした。

■意識の研究に向けての予備的検討

ヴィゴツキーが意識をどのように研究しようとしたのか、その考えをまとめたのが次のノートである。

コラム 「意識研究の問題（On the question of the study of consciousness）」

（ヴィゴツキーのノート・第15章 pp.243-244）

このノートは1932年の10月の日付のもので、この中の「意識研究の問題」では、人間心理を意識のシステム的構造として研究することをめざし、具体的には思考と言葉の二つの活動の連関から意味の生成と意識を論じていこうとした。記号には社会的な側面を担っている語の語義があり、これが個人の内面的な意味世界を形成する語の意味へと変換していく。人間の意味世界は客観的な形の記号そのものを基礎とした社会的な語の語義と、個人的な語の意味との連関で意味世界が作られる。これが意識の基礎を成している。

ヴィゴツキーはここでヘーゲルの考え方を参考にする。ヘーゲル的な観念、主観は決して客観と対立するようなものでなく、客観的なものを前提にし、現実の実践的な活動の中で客観的なものと関わる中で主観的な個人の意味世界が作られる。ちなみにヘーゲルは『理性の復権――フィヒテとシェリングの哲学体系の差異』(1801)で、主観と客観とは裏表であることを強調する。

ヴィゴツキーがヘーゲルの読み方として参考にしたのは、実はレーニンの『哲学ノート』(1929)であった。レーニンは『哲学ノート』で、ヘーゲルは観念論だと言われたりするが、主観を支えるものとしての実在、客観を前提にした主観、観念であって、単純な観念論などではないと指摘していた。

■脳の制約を超えた自由な意識世界

第15章のノートにある「精神物理学的問題(The psychophysical problem, pp.244-246)」と、第16章のノート「記号から語の語義と語の意味へ(From Sign to Meaning and Sense, pp.251-270)」のメモでは、ヴィゴツキーは人間心理を脳の振る舞いで説明することを批判する。

ゴルトシュタインは前頭葉の損傷が抽象的な考え方やカテゴリー的思考といった認識活動に影響を与えると考え、パブロフは脳の働きを重視し、あるいはゲシュタルト心理学のケーラーも人間心理のゲシュタルト特性を脳の構造で説明してしまった。心理物理的並行論や脳と心を簡単に関係づける発想では、物的な外部にあるものが心的な内部へと機械的に移行していく単純な発想になっている。これでは言語の役割を位置づけられないし、意識について何も説明できないことになる。

そこで、ヴィゴツキーはマルクスとエンゲルスの『ドイツ・イデオロギー』、特に、「言語は意識と同じほど古い」という有名な言葉で始まる部分を参考にした。言語と意識は社会的関係という人間の起源の当初からあったものから生まれている。人間ははじめから意識などを持っていたわけではなく、あくまでもそれは社会的関係の中で作られ、その活動を支えているのが言葉だということをマルクスとエンゲルスは『ドイツ・イデオロギー』で強調していた。

『ドイツ・イデオロギー』では次のように述べられている。長い間、精神は物質との関わりで論じられることがあったが、実は精神と関わりがあるこの物質というのは、動く空気層、音という物理的対象とは異なる言語の形式となっているものである。人間が長い歴史の中で持ってきた意識と同じく言語も人間の歴史の中では古くからあった。そして、言語は実践的な意識であり、自分自身にも、他の人間の中にもたしかに現存する現実的な意識であって、言語はこれらの意識のためには不可欠なものとしてある。これに加えて言語は他の人間たちと交通したいという欲求や必要から生まれてきた。

そうなると、「意識はそもそもはじめからすでに一つの社会的産物なのであり、およそ人間たちが存在するかぎり、社会的産物であることを止めない」(邦訳 p.59) とヴィゴツキーは言う。これが『思考と言語』で展開していくために前提にしたことである。

3　ヴィゴツキーの意識論

ヴィゴツキーの意識論を『思考と言語』の第1章と第7章からみていこう。一見すると、『思考と言語』と意識の問題はすぐにつながらない印象を持つかもしれない。実際、彼が意識の問題を集中的に議論するようになったのは1932年以降で、『思考と言語』ではそれ以前に書かれたものを使っているところがあるので、意識についての議論が前面に出ているわけではない。だが、彼は『思考と言語』の序章では、思考と言葉の問題から意識の解明を目指していく（邦訳 p.11）と述べている。以下にみていく彼の意識研究についての資料からも、思考と言語の議論は最終的には意識の解明へとつながっていることがわかる。ヴィゴツキーのノート、第17章「意識の問題（The Problem of Consciousness, pp.271-290）」にある複数のメモである。

ヴィゴツキーは1932年頃のシンポジウム等で意識の問題を思考と言語との関連の中で研究する構想を述べ、またそのための事前メモを書いている。第17章「意識の問題」のノートの冒頭にある「言葉なしの意識（consciousness without the word）」では、言葉が意識における中心的な役割を果たしていることをいくつかの事例を使って述べている。その一つが、彼の友人でもあった詩人のオシップ・マンデリシュターム（Mandelschtam, O. E.）が、詩の中で言葉に意識が欠けてしまった時、そこでは思想は形にならず黄泉の世界や肉体のない陰に隠れてしまうと書いていることである。ヴィゴツキーはこの文章を『思考と言語』の最終章のエピグラフとしても使っている。このように、言葉は思想、さらには意識の活動にとって欠かせないものである。ヴィゴツキーは少し後のところでは、同じロシアの詩人だがマンデリシュタームとは違って感覚や感情の表現を重視したシンボリストのアファナーシー・フェート（Fet, A. A.）の考えを取り上げ、彼は言葉なしで魂そのものを表すことができると言っているが、それは間違いだと批判する。そもそもフェートは言葉によって表すことができないようなものを詩で表現しようとした人物であった。

このノートでヴィゴツキーは、『ドイツ・イデオロギー』にある意識は他者の間柄という関係の中で生じる言葉（語の語義と語の意味）なしには存在しえないとした部分に注目している。ヴィゴツキーは、人間だけが他者との関係を実在するものとしてみることができると言う。意識は私と異なった意識を持った他者との間で展開される中で生まれ、この意識は社会的、公共的な意味合いをもったものとして存在し、次に個人へと進んでいく。

そして、ヴィゴツキーはこのノートで、言葉から思考への移行は時間的経過を経ながら起きるのではなく、それは同時に起きるとも言っている。このことを演劇の中の会話を例にして説明している。友人の演出家・コンスタンチン・スタニスラフスキー（Stanislavsky, K.）はグリボエードフの作品『知恵の悲しみ』について、主人公チャツキーとソフィアとのやり取りでチャツキーが言っていることは表面に表れた言葉の裏にあって、真の意味がそこにあると示唆した。四年ぶりにモスクワに戻ってきたチャツキーは心変わりしたソフィアを目の前にして、「モスクワから出ていこう。もう二度と帰ってくるものか」と言う。だが、その言葉の裏にある真意が問題なのである。

言葉によって思考が表現されていくことと、逆に思考が言葉の中に表現されていくという二つの違った過程があることを観客は瞬間に理解する。実は演劇でみられることは、日常の生活の中での言葉のやり取りの現実そのものを表している。

ヴィゴツキーは『ノート』第17章の中のメモ「意識の問題——心理学的研究（The problem of consciousness: A psychological study）」では、意識に関する著書の完成を目指してその構想メモを書いている。そこでは、14のポイントに分けて述べており、たとえば、意識の研究課題として基本的な仮説としてあるのは、心理システムとして考えることであるとか、動物とは区別される人間の意識について、言葉の記号的分析、内的発話としての語の意味、思考と言葉の意味、過剰な記憶能力や統合失調症における意識の分裂、意識研究のための原則と方法などである。これは著作として完成されることはなかったが、ここでも問題意識は『思考と言語』第7章の「思想と言葉」の中に表れている。

■ヴィゴツキー、未完の意識論の書

1932年の12月に行われたシンポジウムのための講演メモは、彼が意識研究で目指そうとして書いたもので、それを文章化したのが「意識の問題（ヴィゴツキーの基調報告覚書）」(1933) である。ここには彼が意識を思考と言葉の活動から解き明かそうとした意図が書かれている。そのポイントは、『思考と言語』は意識の問題でもあること、言葉は意識の中で芽生え、意識の中のすべての関係と過程を変化させるということである（邦訳 p.50）。思想は言葉がそこから滴となって落ちて来る雲であるという『思考と言語』の最終章でも使われているのと同様の表現で述べている（邦訳 p.47）。

ヴィゴツキーは記号的分析が意識を明らかにするための唯一の適切な方法であると考えた（邦訳p.52，英語訳 p.137）。この記号的分析とはどのようなもので、また彼はそれによって意識をどのように明らかにしていこうとしたのだろうか。人間は記号体系という半ば物質的なものから言葉の意味を見出していく。その一つが語の語義（meaning）である。この物質的、外的対象である記号がそのまま言葉の意味になるのではなく、人はそこに内的な存在としての意味を形成していく。この活動に人間が思想、そして意識を作っていく基礎がある。だから、彼は記号から語の語義、さらには個人的な語の意味（sense）へと進んでいくことを重視する。

とかく私たちは記号が社会的なものとして与えられていることを無視し、自分たちが持っている言葉の意味を独自に持っているように思ってしまう。だが、私たちの語の意味、そして公共的な意味を担っている語の語義というのは、外的なものとして安定した形で存在している記号体系と無縁ではない。同時に、記号と意味とはまったく同じではなく、区別して扱うこと、つまり記号を外に投げ出しておくことも時には必要である。このことを『コヘレトの言葉』に当てはめている。このことは意味の形成を考えるとよりはっきりしてくる。

ヴィゴツキーは、記号体系をもとにして、そこに新たな意味を形成していくことを旧約聖書の『コヘレトの言葉』（『伝道（者）の書』）の中の第3章第5節の「石を投げるに時があり、石を集めるに時がある」の文章を使って説明している（邦訳 p.41）。この石を記号に当てはめてみると、意味は記号として自分以外のところからもたらされたものであり、一種の神の恩寵とまで言わなくても、社会的なものとして私たちに与えられているものである。

思想は言葉による意味形成と思考活動を「集めて」作られている。だから『思考と言語』の第7章で言うように、思想はまとまった全体性を成していくようになる。個々の言葉よりそれは大きいものである（邦訳 p.426)。そして、この思考は言葉を滴として落としていく雲である（邦訳 p.47)。つまり言葉は思想から「投げ出される」のである。言葉を行為として論じたルートウィヒ・ウィトゲンシュタイン（Wittgenstein, L.）も彼の『哲学探究』(1953）で、言葉の意味を理解することはその言葉を使用することであると述べていた。言葉の意味は言葉で示す行為であるとしたが、そこには言葉と思考について、ヴィゴツキーとの類縁性を見出すことができる。

■ヴィゴツキー・意識論のまとめ

最後に、言葉と思想、意識との関わりを「意識の問題（ヴィゴツキーの基調報告覚書）」でみていこう。彼が意識と言葉との関係について述べているのは、6「広く、遠くへ」(In breadth and afar. 邦訳では「広範に、遠くへ」）のところである。彼は次のように指摘する。語の語義、語の意味を含めて言葉（the word）は意識の中で芽生える、そしてこの言葉はすべての関係とその過程を変化させる。そして、語の語義の言葉それ自体は、意識における変化に応じて変わっていく（邦訳 p.50)。彼は、意識の世界では、語の語義の結果、その産物としてある一つの個人的な意味である語の意味も同時に含まれているとした。彼の言葉である。「意識はシステム構造を持っている」(邦訳 p.52)。

ここまで、ヴィゴツキーが「意識の問題（ヴィゴツキーの基調報告覚書）」で意識という人間心理の最大の問題をどう解こうとしたかをみてきた。それを図でまとめてみよう（図8)。

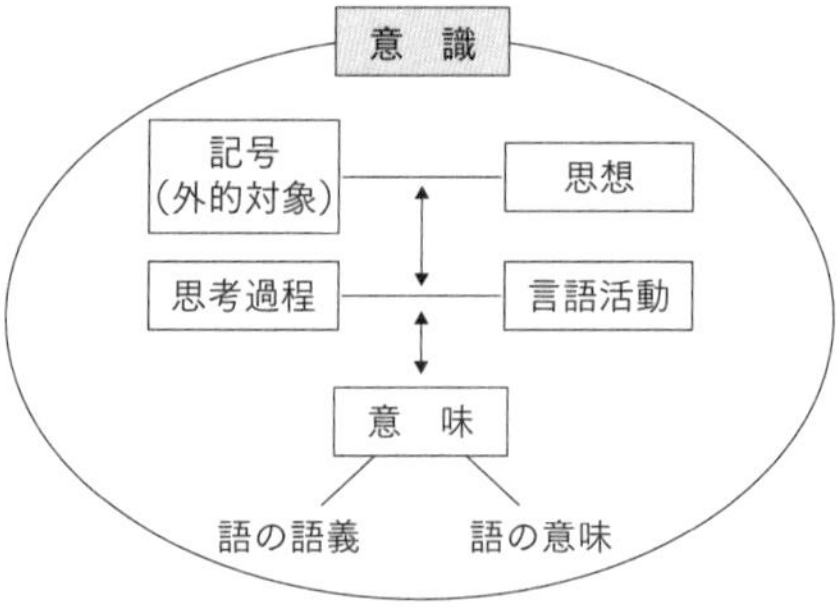

図8　システム構造としての意識

ヴィゴツキーは『思考と言語』の中では、言葉の意味をめぐる問題を広く論じながら、意識という広大な個人の内的世界、彼の言う「小宇宙」を描き出そうとした。それはまさに外的世界、その反映である記号の世界と背中合わせ、蝶番になっている世界でもある。『思考と言語』を私たちが読んでいく時、第2章から第6章の間で論じていることは、結局は第1章と第7章にある人間の意識世界へと導いていくことを前提にしたものであることがわかる。

　このように、「意識の問題（ヴィゴツキーの基調報告覚書）」は『思考と言語』の最終章・第7章のための草稿案でもある。それは、『思考と言語』で最も言いたかったことの結論である。彼は『思考と言語』に続けて意識論に関する著書の完成を目指そうとしていた。だが、病のためにこの構想は実現することなく終わった。改めて、『思考と言語』は重要な問題をはらんだきわめて魅力的な本であることに気づかされる。

4　ピアジェとシュテルンの自生的発達論批判

ヴィゴツキーの発達理論と言語発達論のポイントを、ピアジェの発達論とシュテルンの言語発達論を批判的に論じた第2章と第3章から確認することができる。

■ヴィゴツキーのピアジェ発達論批判

ヴィゴツキーの第2章「ピアジェの心理学説における子どもの言葉と思考の問題」は、ピアジェの『児童の言語と思考』(1923)と『児童における判断と推理』(1924)のロシア語版への序文として1930年に書いたものである。ヴィゴツキーはピアジェの「児童における世界像」(1926)や子どもの因果関係の認識を扱った『児童における物理的因果』(1927)についても『思考と言語』の第6章の科学的認識の形成で取り上げていて、ピアジェの発達論を複数の視点から批判している。

ヴィゴツキーがピアジェの発達論として主に問題にしたのは、ピアジェが幼児期の特徴とした出した自己中心性で、幼児は主観的な世界でしか物事を考えていないとした点である。ピアジェは幼児が子どもの遊びの中でみせる言葉は、自分の世界の中で独り言をしゃべっているだけで、他の子どもとの間で会話をしていないとした。自己中心的言語であるが、それは、この時期の子どもの認識として自己中心的思考があるためで、この時期の子どもの発達の基本は自己中心性であるとした。だが、ピアジェは遊びの中の子どもの言葉を直接観察することなく、記録をとっていた人の資料を独自の視点から読んだものである。そこには彼の描く発達図式を当てはめていく、いわばトップ・ダウン的発想があった。彼の発達段階論では、幼児期は直観的思考期としてまとめられていた。

ヴィゴツキーは『ノートブック』(第21章「思考活動と言葉 (Thinking and Speech)」pp.353–366) でも、ピアジェは子どもが目の前にあるおもちゃとか具体的な対象とどのような関わりをしながら会話をしているかをつぶさに観察することはなかったと批判している。ピアジェはただ「子ども－子ども」の間の会話の内容だけを取り上げて、子どもがおもちゃで遊んでいる中で言葉を使いながら考えているという思考過程は考慮しなかった。

これに対して、ヴィゴツキーは遊びの中の子どもの会話を注意深くみている。トップ・ダウンではなく、子どもの姿をボトム・アップ的に、微視発生的にみるということである。

そこではピアジェとは違ったものがみえていた。子どもの自己中心的言語というのは、実は、子どもが遊び中で問題を解決するために出している言葉、外言ではないかということである。この時期の子どもは自分が考えていることを声として外に出している。自分の思考活動として出している言葉であるから独話になる。つまり、言葉を思考展開の手段として使っていた。ヴィゴツキーは思考することと話すこととの間の相互連関の始まりをここにみた。だから『思考と言語』の第2章にピアジェ批判を置いたのである。それは幼児が自己中心的な世界にいるとしたピアジェの解釈とは違うものである。そして、ヴィゴツキーは、子どもたちの遊びの中での会話をよく観察すると、他の仲間とも言葉によるやり取りをしている。ヴィゴツキーは、子どもは早い時期から周りの大人や仲間とコミュニケーションをとっており、幼児には社会的活動がないというピアジェのような見方を否定する。

実は、ピアジェが自己中心的言語を幼児の特徴であるとしたことに異論を出していたもう一人の研究者がいた。アメリカの発達研究者・ドロテア・マッカーシー（McCarthy, D. A.）で、彼女の『就学前の子どもの言語発達』（1929）はヴィゴツキーがピアジェ批判を書いた一年前のものである。この論文では、5歳の子どもはその半分しか自己中心的言語がみられないという調査結果を出している。つまり、その残りは「自己中心的言語を使わない」というものである。だからピアジェが言うような、自己中心的言語を脱するためには次の発達段階の具体的操作期を必ずしも必要としないということである。ヴィゴツキーはこの第2章のピアジェ批判をしているところでは、マッカーシーの研究にはふれていない。だがヴィゴツキーは、マッカーシーが幼児は指導者や他の仲間との協同によって語彙が増えるといったような言語発達を指摘していることを「発達最近接領域論」では参考にしているので、彼女の論文を読んでいたことがわかる。

■自生的な発達論批判

ヴィゴツキーは、ピアジェの発達理論にある大きな問題点を指摘する。そこには発達をめぐって両者の決定的な違いがある。ピアジェは人間の発達は、論理的思考を獲得していくという決められた目標に向かって進むとした。そこでは異なった文化やその歴史が考慮されることはなく、発達はどの文化でも共通にみられ文化的に普遍だとしたが、その背景には、発達は文化的影響を受けないで自己の内的な活動によって実現していくという自生的な発達論の考えがあった。ピアジェの場合は、知性、あるいは認識の形成に強く与っているのは自己の主体的な活動であり、自らの力によって発達を実現していくということである。そこでは、自らの経験とそれを解釈していくことを通して知識を構成していく活動を想定している。他者の関わりや社会的なものの役割を考慮することを必要としなかった。それは、人間の中にはあらかじめ経験内容について自らの手によって認識を形成していく力が備わっているというカント的発想である（ボーデン 1979）。だからピアジェは、自らの哲学的な思索の過程を論じた『哲学の知恵と幻想』（1965）でも、自らの考えはカント主義的なものに近いと述べている（邦訳 p.72）。

ヴィゴツキーはわれわれの目の前に存在する、これらの外的対象に私たちが直接関わっていく行為が認識の形成の基盤になっていると考える。対象的行為であり、しかもこれらの対象は歴史的にも変わり続けていく文化対象であるから、そこで私たちが獲得していく認識内容も決して普遍的、抽象的な認識ではない。彼は認識を生活の中で実践的な行為を基礎にした個々の実体との弁証的な過程の結果として作られていくと考えた。ここには二人の認識についての哲学的相違がある。

彼の認識に対する哲学的姿勢は、レーニンが『哲学ノート』で展開した実践的行為と理性の間の弁証法的関係の考えに基づいていた。だからヴィゴツキーは第2章で、ピアジェの認識論を批判しているところでもレーニンの考えを参照している。レーニンの『哲学ノート』では、私たちはとかく論理によって抽象的な形で世界を理解してしまいがちだが、人間の認識というのは具体的な対象に向けた実践的な活動とそこにある個別・特殊な事例を含んだ内容を経ることによって抽象的な概念レベルへと進んでいくことが本質であるとした。抽象が先なのではなく具体が先、実践的な行為から認識が作られ、またこの実践的経験によって認識を見直していくという実践と認識の統一である。そこで認識の成立にとって求められるのは具体的な対象に対する直観であり、抽象的な概念との弁証法的関係へと展開していくことである。

もう一度ヴィゴツキーが注目したレーニンの発言を確認すると、前のⅤでもみたように個別的な事物に人間の理性が近づき、そこから認識を得ていく過程というのは単に概念を写し取るようなものではなく、複雑なジグザグな行為を通してである（『哲学ノート』下巻、邦訳 pp.170-171）。認識の過程は決して理念として一直線に進むものではなく、現実にある個々の事物との関わりを含んだものである。

■ 発達の予定調和論批判

ヴィゴツキーは、人は社会的存在として外部の世界と絶えず接触し、関わっていく中で発達が実現していくとした。当然のことながら、外部の影響を受けながら成長変化する。つまり個人の内的な要因による予定調和だけで発達を描くことはできないという、反予定調和論である。人間は発達の早い時期から社会的活動を行っていて、乳児の時期でも親や周りの大人と関わりを持っている。どのような社会・文化の中で、どのような活動が展開されていくかによって発達の姿は変わってくる。ヴィゴツキーはこのような他者との間の相互的関わりや、文化的なもの、その歴史的なものを想定しなければ、人間の発達を正しく論じることなどできないとした。

ヴィゴツキーは、人間は社会的環境やその他の要因を受けながら発達の姿は変化していくのであって、ピアジェのようなどの文化の子どもにも当てはまる一般化された「永遠の子ども（英訳では

eternal child)」ではなく、社会・文化に支えられながら発達していく「歴史的な子ども（英訳では historical child)」、そしてその中で変化していく「束の間の子ども」としてみるべきだとした。

前の「V　心理システム論と人間の具体心理学」の最後でも述べたが、ヴィゴツキーが人間の成長は決して予測できないこと、予定調和ではないと考えた背景には、彼がギムナジウムの時代から読んでいた旧約聖書の中の『コヘレトの言葉（『伝道（者）の書』）』がある。そこには、この先何が起こるか知る者は一人もいないという言葉がある。『コヘレトの言葉』は旧約聖書の中では、ヨブ記、詩編、箴言、雅歌と共に、まさに今をどう生きていくべきかを論じたものである。先のことではなく、今という時間での行為こそが問われるべきことである。

世の中には、しばしば先のことを予言するような黙示録がある。人はこの先どうなるのか予言を期待したりする。ヴィゴツキーは、このような予言の類を人間の発達や成長に求めてはいけないと言う。

■ヴィゴツキーのシュテルン発達論批判

第3章の論文「シュテルンの心理学説における言葉の発達の問題」は、ヴィゴツキーがシュテルンの『幼児の言葉』(1928) の書評として1929年に書いたものである。ヴィゴツキーは、シュテルンの心理学をしばしば取り上げている。ヴィゴツキーの「障害児発達・教育論」でも、シュテルンが、人間はしばしば障害を補うような形で別の部分を発達させていく「障害の補償」や「障害の二面的役割」に注目し、人格を有機的な統一としてみることの必要性を説いていたことを紹介して、比較的好意的に扱っている（本書、II「障害児心理と教育」)。

だが、ヴィゴツキーはシュテルンの言語発達については厳しく批判する。シュテルンは、子どもは早い時期からすべての物には名前があることを知っており、1歳半から既に言葉（記号）と意味との関係を理解し、言葉の象徴的機能をわかっているとした。そして子どもが言葉の意味を獲得することは生得的なことだとした。だが、実際にはそうではなく、言葉を物から独立した記号として使うようになっていくためには発達の複雑な過程がある。

ヴィゴツキーは、子どもは親や周りにいる大人との関係の中で生き、身体を通した関係、コミュニケーションを展開していく中で言葉の意味を獲得していると言う。このコミュニケーション関係も、子どもにとっては自己の欲求を相手に伝え、また自己の願望を満たすための活動としてある。そこには身体による眼差し、指さし、あるいは指示的身ぶりといった非言語的行動を基礎にした他者との身体を介した体験の共有があり、ここから意味の共有、記号の機能的意味へと発達していくということである。ヴィゴツキーは、ピアジェとシュテルンの発達論は、共に自生的な発達論の考えに立つものだと批判する。

5 思考と言葉の発生的根源

第4章「思考と言葉の発生的根源」は、1928年に書かれ、翌年の1929年に発行された『自然科学とマルクス主義』に掲載された論文である。『思考と言語』の中の論文では最初のものである。ここでは、思考することと言語活動とが有機的につながって言語的思考になるとする『思考と言語』の考えの要点が語られている。

■類人猿と幼児の思考・言葉の特徴

ヴィゴツキーは、思考と言語の二つが人間の独自の精神世界を創り出していることを類人猿と比較しながら論じている。ここでは、主にケーラーの類人猿についての研究を使っている。ヴィゴツキーは以前にもケーラーの『類人猿の知恵試験』(1917) ロシア語版のための序文を書いている。ヴィゴツキーの序文は英語版・ヴィゴツキー著作集第3巻に収められている。

ヴィゴツキーはケーラーが類人猿の問題解決行動を詳細に観察・分析することで、人間と高等動物の間に共通の学習の機構があり、人間にのみ知性が存在するという発想をとらなかったと指摘していることに注目する。ヴィゴツキーはケーラーの研究を、「ケーラーの実験は、知能の萌芽、すなわち真の意味の思考の萌芽は、動物において言葉の発達とは無関係に、言葉の進歩とはまったく関連なしに現れるということを明確に証明している。道具の製作と使用、問題解決における『廻り道』の利用に現れる類人猿の『発明』は、疑いもなく思考発達の初期のある段階、言葉以前の段階を構成するものである」(邦訳 p.110) と、一定程度評価をしている。しかし、ケーラーは霊長類を例にして問題解決学習についての新しい視点を出しているものの、霊長類と比べて人間の思考の独自性、特に言語の役割は大きな相違があり、そのことを無視していると批判している。

ケーラーのいわば下(高等動物)から上(人間)の能力を説明するという方法は、結局は人間の能力の起源を霊長類のそれに求め、過剰に両者の共通性を強調してしまっている。類人猿と人間にとっては、道具が持っている意味は大きく異なっている。一つは、人間の場合には言語や概念の使用という独特の道具使用があること、そして、もう一つは、人間は道具そのものを加工し、新しく作っていく存在だということである。前者については、4歳児は既に複数の色のサイコロで作られた見本図形と同じものを作る時に、言葉を用いて問題を解決している。子どもは知覚的判断の際にも、言語的な符号という道具を利用している。この研究は、ヴィゴツキーの1930年の未発表論文「動物心理学と児童心理学における実際的知能の問題」(邦訳「子どもによる道具と記号(言語)操作の発達」、『新児童心理学講義』所収、邦訳 pp.168–205) でも、幼児と類人猿の問題解決の仕方はまったく違っていることを指摘している。道具の使用に関しては、類人猿の場合にはあてがわれた道具を使用するだけだが、人間は自分たちの活動の目的に合うように道具を作る違いがある。ケーラーは人間にとって道具が持っている独自の意味を見出さなかった。

ヴィゴツキーはマルクスの『資本論』を引用しながら、次のように言う。「労働の手段の使用と創造は、萌芽の形態で、ある種の動物に特有なものであるが、しかし、それは人間の労働過程の特別な特徴となっており、そのために人間というのは道具を作る動物、製造する動物であると定義している」（「ケーラー『類人猿の知恵試験』ロシア語版への序文」英文 p.178）。

ケーラーの『類人猿の知恵試験』をもう少し詳しくみていくと、実は、ケーラーは単に霊長類の問題解決行動だけを論じているのではなくて、人間と比較をしながら霊長類の欠けているものについても議論をしている。ケーラーの指摘である。第一に、類人猿は学習行動が視覚的状況（今、見えている場面）に問題解決の仕方が支配されている。たとえば、チカは仲間のテルチュラがリンゴ箱の上に座っていると箱を踏み台として使うことができない。第二に、類人猿には人間が使用するような言語能力がないので、具体的な場面や状況にいなかった者にその場面のことを伝えることができない。それを可能にするのは記号を使用する者だけである。人間は具体的な場面や状況を超えた意味を表現し、広く他者に伝え、情報を共有、蓄積する言語を持っている。これが文化を形成し、文化の中で人間は能力を発達させてきた。霊長類は人間のような文化を形成できない。

ケーラー自身、『類人猿の知恵試験』のむすびのところで次のように述べている。「何故にチンパンジーが文化的発達の初歩にも到達していないかは、この上なく貴重な技術的補助手段（言語）の欠けていることと、最も重要な知性の材料すなわち「心像」（観念）が限られていることに原因していると思われる」（『類人猿の知恵試験』邦訳 p.258）。ヴィゴツキーもこのケーラーのまとめの発言に注目していた。

系統発生的には、人間の思考の起源にあるものは高等動物と同じものであったかもしれない。だが、高等動物の場合は言語にあたるものは情動や感情の表現としてあるだけで、思考と言語とが交わることはなかった。人間の場合も、一定の時期までは両者は相互に独立して進んでいく段階があった。だが、言語が記号として意味の共有の働きをし、またさらに言葉が自己の内面的な活動である内言化として発達をしてくると、この二つの路線は交叉し、それ以後は思考が言語的思考となり、言葉は知能的になっていく（邦訳 p.129）。ヴィゴツキーは、ここに霊長類と人間の発達のコースの違いがあると言う。

■内言の議論

ヴィゴツキーは、子どもが外言としてあった言葉を内言化していく前の段階では考えていることをそのまま声に出しながら考えていくことがあるが、内言へと向かっていく過程の中で子どもの中では内面的な思考の活動を促していく変化が生じていると言う。『思考と言語』の基本的テーゼの一つである。

ところが、内言化を考えることなく、外言と思考活動を機械的に結びつけてしまう間違った考えもかつてあったと言う。行動主義心理学者のジョン・ブローダス・ワトソン（Watson, J. B.）は、外に表れた行動である外言と思考とは同じだとしてしまった。ヴィゴツキーはワトソンの『行動の科学としての心理学』（1919. ロシア語版は1926）を読み、ワトソンの言う「隠れた言葉（implicit speech）」と思考活動は「外部に表れた言葉（overt speech）」の直接的な反映であるという考えは間違っていると言う。

6 概念発達の研究

第5章の「概念発達の実験的研究」は、『思春期の心理学』(1930) の第2章の第5節から第24節の転載である。

■概念形成の研究法――「ヴィゴツキー・サハロフ法」

ヴィゴツキーは概念の発達過程を概念形成の実験によって明らかにしている。それは、レオニード・サハロフ (Sakharov, L. S.) と共に開発した「概念形成の実験的方法」であり、そこで用いているのが「ヴィゴツキー・サハロフ法」である。それはビュルツブルグ学派のドイツの心理学者・ナルツィス・アッハ (Ach, N. K.) が『意志活動と思考』で概念研究のための「発生的総合法」として用いた「探索法」を参考にして、それを一部変えたものである。アッハが用いた方法は日本の思考心理学研究の草分けであった矢田部達郎が『思考心理学I――概念と意味』(1948) で詳しく説明している。矢田部の説明では、アッハの方法は次のようなものである。四角形、三角形、そして円形の三つの図形がある。大きくて軽い三つには「ラス (Ras)」という名札が付いている。同じく大きい図形で重い三つのものは「ガツーン (Gazun)」の名札である。また小さい三つの図形は、軽いものには「ファル (fal)」、同じ小さい図形で重いものは「タロ (taro)」の名札である。これらの図形を手で順に持ち上げながら、そこに付けられている名札を読み上げることを数回続ける。「習得期」と呼んでいるもので、子どもは図形に対応する概念を形成していく。この後、アッハは「探索期」の課題で、名札を取り除いて、たとえば「タロ」に当てはまる図形や「ガツーン」の図形を探すように求める。

アッハは、概念の成立には図形についての表象が作られることが必要であるとし、研究から人は概念を形成していく能力、つまり決定傾向を持っていると結論した。これはビュルツブルグ学派の、人間は生得的に表象能力を有しているとする考えに共通するものである。

ヴィゴツキーとサハロフの場合はアッハの方法と違って、子どもが共通の概念をなす図形（積み木）を探していくように課題を変えている。アッハの場合は図形を順番に取り上げ、名札にある言葉を唱えることで共通の概念をいわば機械的に知っていくだけであったが、ヴィゴツキー・サハロフ法では、どの図形が共通の概念をなしているかを子どもが自分で探さなければ、概念を形成していくことができない。彼らが作った課題はアッハのものよりも複雑である。図形（積み木）は五つの色（黄、赤、緑、黒、白）、三種類の形（三角錐、直方体、円柱）、高さ（高低）と大きさ（大きい、小さい）がそれぞれ二種類を用いた22個から成っている（邦訳 p.160，英語版 p.129）。各々の積み木の裏には概念分類を示す四種類の無意味な単語が書かれている。四種類の単語は次の特徴を持った図形に付けられている。「バート」は小さく低い図形、「デーク」は小さく高い図形、「ローツ」は大きくて低い図形、「ムーブ」は大きく高い図形である。このように、色と形は無関係で、いわばダミーである。これらの22個の積み木を箱の中にバラバラに置いて、実験者は積み木の一個（赤い色で小さく低い形）を取り出し、裏にある単語の「バート」を読む。子どもにこの見本と同じものを箱にある図形の中から選んで別の板の上に集めるよう求め、正しく選んだ時にはご褒美（鉛筆やキャンディ）を渡す。さらに、子どもに積み木を選んだ理由や同じ単語で書かれている積み木はどのようなものかを質問していく。この方法を用いて、子どもたちの概念形成とその発達的変化をみた。

■概念形成とその発達過程

ヴィゴツキーらは、子どもたちの概念の発達を大きく四段階に分けている。第一段階は「混同心性的連結」で、あてずっぽうに目にした積み木を集めるとか、知覚的に類似したものを一緒にするといったもので、概念的な反応とは程遠いものである。

第二段階の「複合的思考」あるいは「複合的連鎖」は、共通するものをまとめようとするが、多種多様なものを結びつけているだけで、まだ概念を形成してはいない（邦訳 p.172）。「複合的連鎖」は、いくつかの細かい発達変化がある。色や形などが似ているものでまとめる「連合的複合」、コップと皿、フォークとナイフといった機能的なものから一つのものとする「コレクション的複合」である。これは実際的思考である。あるいは、「連鎖的複合」は、見本として出されたものが赤い三角形とすると、赤い半円形のものをつなぎ、さらに別の大きさの半円形をつなげていくものである。黄色－緑－青といったように、色に注目して広げていく「拡散的複合」も「複合的連鎖」のタイプである。概念形成の第三段階は「擬概念」あるいは「潜勢的概念」である。これが真の概念と違うのは、「擬概念」は、あくまでも外面的な類似性に着目していることで、概念の一歩手前である。その後、第四段階が最後の真の概念であるが、これについては説明を要しないだろう。以上のヴィゴツキー・サハロフ法

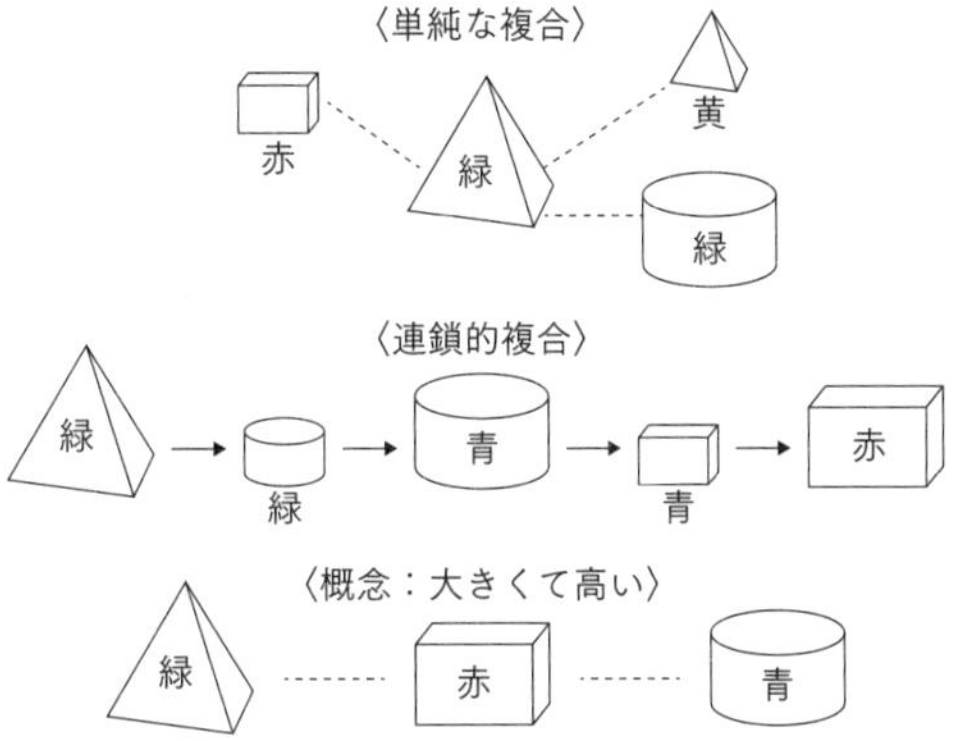

図9　ヴィゴツキー・サハロフ法による図形の分類
（ルリヤ『言語と意識』邦訳 p.101 より）

による概念形成とその発達変化の概略は、図9のようにまとめることができる。

ヴィゴツキーとサハロフが用いた概念形成についての実験的方法は、この研究がまとめられた直後の1930年にサハロフが亡くなり、ヴィゴツキーもその少し後にこの世を去っているので、継続されなかった。だが、ルリヤが『言語と意識』(1979) で指摘しているように、その後、類似の概念形成研究がブルーナーらによる『思考の研究』における「概念達成」の研究へと発展している。さらにはレヴァイン (Levine, M.) の「概念同定課題」を用いた概念学習研究なども行われている。その意味では、ルリヤが言うように、ヴィゴツキーとサハロフによる研究は概念形成の発達過程が実験による短い時間の中で明らかにできることをしめしたものとして高く評価されるものである (ルリヤ、邦訳 p.105)。だが、他方で課題がないわけではない。「ヴィゴツキー・サハロフ法」は、あくまでも人工的な概念を形成するという実験的方法を通してみた概念の発達ということである。

7 科学的概念の発達

第6章「子どもにおける科学的概念の発達の研究」は、学校教育における科学的知識の形成とその条件についてである。ここで中心になっている議論は、子どもが主体的な活動として生活経験の中で身に着けた知識と学校教育の中で学ぶこととは対立するものではなく、相補的な関係になっているということである。そして、この章では科学的概念を通して認識の一般性、体系性を獲得していくことが議論されている。この章に関連して、彼はノートの第21章と第22章に自分の考えを述べている。

■生活的概念と科学的概念の相補性

第6章の前半は、学校教育の中で子どもが科学的概念を形成していく議論である。結論を先に言うと、ヴィゴツキーはこれまで科学的知識を教えるという発想でともすると陥りがちなのは、知識を憶え込ませることに終始することであると言う。大人が持っている科学的概念をそのまま子どもの中に移していこうという発想である。「概念は、記憶によって獲得される連合的結合の単なる総和でも自動的な知的技能でもなく、複雑な真の思考活動であり、それはたんなる暗記で習得されるようなものではなく、概念が意識に発生するためには、子ども自身の思想がその内部的発達において高度の段階に達していることを常に要求するということである」(邦訳 p.229)。

それでは、子ども自身の内的活動を重視する考えをどう扱うべきだろうか。教え込みは表面的な言葉の内容だけが理解される言葉主義になりかねないと言ったのがロシアの文豪トルストイ（Tolstoy, L. N.）で、彼の教育論であった[1]。このことをヴィゴツキーは次のように述べている。「言葉とその意味の本性に深く通暁していたエリ・エヌ・トルストイは、だれよりも明瞭に鋭く、教師から生徒への概念の直接的な単純な伝達、一つの頭から他の頭へ言葉の意味が別の言葉を通じて機械的に移行することの不可能性――この不可能性に、かれは自分自身の教育経験においてつきあたったのだ――を自覚した」（邦訳 p.230）。

だが、ヴィゴツキーは、トルストイが非難するスコラ的な言語による直接的教授の欠陥に一定の同意を示しながらも、トルストイは、概念形成そのものの中にひそむ内部的側面を重視するあまりに教授と発達を引き離すようなことをしてしまい（邦訳 p.232）、教授の可能性を過小評価してしまったと言う。トルストイの間違いは概念の発達過程をそれ自身の内部的経過の法則にまかせきってしまい、教授の役割を副次的なものにしてしまったことである（邦訳 p.231）。このように、ヴィゴツキーにとっては、機械的に概念を教え込むことも子どもの理解に任せてしまうことも、いずれも間違いであった。

■学習と教授の相補性とピアジェの論理的思考批判

第6章の第3節は「発達と教授との相互作用」、そして第4節は「科学的概念と生活的概念の比較研究」である。第3節の「発達と教授との相互作用」でヴィゴツキーは、これまで発達（学習を含む）

と教授の関係を切り離したり、二つを同一視してきたことを批判して、教授が発達を作ったり、逆に教授が発達の後についていくものではなく、発達と教授とは相互規定的で複雑な関係になっていると言う（邦訳 p.284）。

ヴィゴツキーは『思考と言語』の第2章で、ピアジェの自己中心性の概念を批判したことを先に述べたが、この第6章でもピアジェの『児童における判断と推理』(1924) にある児童の論理的思考の発達を批判している。ピアジェは7、8歳の児童は日常の出来事を論理的に考えることができないが、やがて論理的関係を意識化し、自覚してできるようになるとした。ピアジェはここでも、子どもが自然に自覚するようになっていくという自生的発達で説明をしている。

ピアジェは論理的に考えるようになるためには、形式的な論理操作で必要となる一定の知識構造の形成が必要だとした。そして、ピアジェは暗黙に科学の体系性という発達の到達目標と内容を想定している。認識形成は論理的な思考へと向かって進むという暗黙の前提があり、発達の目標を論理的思考というわば社会・文化的な価値として優勢なものに強制的に方向づけるものだった。その中での自生的な発達である。

ピアジェの発達論は、主体の側が認識を形成していくことを強調しているというのが一般的な解釈である。だがそこには、次のようなピアジェの発達論の問題点が隠されているとヴィゴツキーは言う。ヴィゴツキーからすると、ピアジェは学習者の認識形成を必ずしも中心に位置づけていない。つまり、ピアジェは学習者が教室で教授内容に接することで今までの考え方を自ら見直し、新しい概念へと向かっていく必要性を自覚していくという学習のダイナミックな過程を考えていない。ヴィゴツキーはピアジェの発達を次のように批判する。ピアジェにとって、子どもの知能の発達は、子どもの思想に固有な性質や特性がより強大でより強力な大人の思想によって徐々に追い出される過程から成っている。たとえば、初期の幼児の意識の特徴である主観的なものの見方、考え方が客観的な論理的思考へ進んでいくが、それを人の知能の発達の必然にしてしまっている。ヴィゴツキーの言葉である。「発達の過程は、容器のなかに外から押し込まれたある液体により容器の中の他の液体が押し出される過程にまったく似ている。…これが、ピアジェによると、子どもの知的発達の唯一の法則なのである」(邦訳 pp.238–239)。

このように、ピアジェは一方では自生的発達を言いながら、他方では論理的思考へ進むような外的な「枠」を想定するという矛盾がある。ヴィゴツキーが『思考と言語』の第6章の中でピアジェの学習論を批判していることはあまり注目されていないが、ヴィゴツキーの方が認識形成としてピアジェより学習者の活動を重視していたということである。

ヴィゴツキーは、学校教育の中で科学的概念を前にして、子ども自身が経験を通して身につけてきた生活的概念を見直し、科学的概念を真の自己の知識として獲得していくことで概念の一般化、つまり知識の応用的な適応が可能になっていくとした。ヴィゴツキーは次のような言葉で科学的概念の学習の重要性を指摘する。「自覚は科学的概念の門を通って現れ」(邦訳 p.266)、あるいは「概念は体系のなかでのみ自覚性と随意性を獲得することができる」(邦訳 pp.266–267)ようになる。学校教育の中での教授を通して科学的概念を獲得していくこと、それは決して自然発生的なものに身を委ねることではない。

■発達の最近接領域

ヴィゴツキーの教授・学習と発達論として最も良く知られている「発達の最近接領域論」をみていこう。「発達の最近接領域」は、第6章の第3節「発達と教授との相互関係」の中で取り上げられている。「発達の最近接領域」の議論を、ヴィゴツキーはこれまでの発達の水準についての常識を疑うことから始めている。つまり、これまでは、子どもが自分の力で問題を解けるだけの発達の水準になっていることだけを考えてしまった。だが、彼はこれだけではなく、発達していく可能性も考慮していくべきだと言う。このことを次のように説明している。果樹園の園庭は、成熟して実を結んでいるりんごの木だけを考えるのではなく、これから成熟していくものに目を向け、評価していくのと同じように、成熟しつつあるもの、可能性を評価していくことが必要である（邦訳 p.298）。

具体的には、子どもが問題を解く時に、教師の教示やヒント、あるいは仲間との共同の中で助けられ、その指示を受けて取り組んだ時には、発達的に進んだ解決が可能になるということである。この成熟しつつある発達の水準が「発達の最近接領域」であり、次のように説明している。「自主的に解答する問題によって決定される現下の発達水準と、子どもが非自主的に共同のなかで問題を解く場合に到達する水準とのあいだの相違が、子どもの発達の最近接領域を決定する」（邦訳 p.298）。このように、「共同のなか、指導のもとでは、助けがあれば子どもはつねに自分一人でするときよりも多くの問題を、困難な問題をとくことができる」（邦訳 p.299）。

実は、ヴィゴツキーが「発達の最近接領域」を考えた時に参考にした研究があった。それは前のピアジェの自己中心的言語をヴィゴツキーが批判したところでも取り上げた、マッカーシーの研究である。彼女は、幼児が共同の遊びの中で大人の関わりや共同の活動が組織されている時には、他の子どもたちとの言語的関わりや言語水準そのものが2歳相当程度進んでいたというもので、まさに子どもの現下の発達水準を超えることが可能になっていた。そのことは、ヴィゴツキーはこの論文を読んで参考にしていた。ヴィゴツキー自身も1933年に行ったブーブノフ記念教育大学の会議報告を論文にまとめた「教授・学習との関連における学齢児の知的発達のダイナミズム」(1935)でもふれている（邦訳 p.65）し、同じ年に行ったレニングラード教育大学での会議報告をまとめた「生活的概念と科学的概念の発達」(1935) の中でも取り上げている（邦訳 p.177)。

ヴィゴツキーはマッカーシーの研究を参考にしながらも、さらに共同による活動の発達可能性を、主に教授・学習の場面における学童の科学的概念の形成として、独自の「発達の最近接領域」として論じている。そこでは教師の指導や他者との共同的活動を重視し、そして同時に、科学的概念の理解に必要な情報が教授の中で提示されることの大切さを指摘している。そこで重要になるのが、模倣の対象となる情報が学習者に提示されることであり、それを自己の中へと取り込んでいく活動である。ヴィゴツキーは子どもの側が一定程度、模倣の対象として受け入れることができるものが必要で、どんな状態でも無限に「発達の最近接領域」が実現していくわけではないと注意を喚起している。

このことを前提にして、ヴィゴツキーは学習の目標としていまだ自分には十分にできないものが提示され、それを模倣してみた時に、まだ自分ではできないことを実感する。この気づきがあって、できないことを克服しようという学習や発達の目標になる。

これまで模倣については、ともすると同じものを真似するという受け身な活動として言われることが多かったが、そうではなく、学習すべき内容が模倣の対象として出された時、それを通して学習や発達へ向かう動機が生まれる。これが、学習者の中に「発達の最近接領域」が作られてくることである。ヴィゴツキーの発言である。「学習心理学全体にとっての中心的なモメントは、共同のなかで知的能力が高度の水準にまで高まる可能性、子どもができることからできないことへ模倣を通じて移行する可能性である。発達にとっての教授－学習のすべての意義はここに基礎を置く。これが、実を言えば、発達の最近接領域という概念の内容をなすのである。模倣は、これを広い意味に解するなら、教授－学習が発達におよぼす影響の実現される主要な形式である」（邦訳 pp.301-302. 訳文一部変更）。

もう一度確認するが、模倣は半分は主体の活動、そしてもう半分は教授－学習場面で学ぶべき内容であり、内的なものと外的なものの二つの折り重なりの中でことは起きている。そこでは、具体的な教授と学習として学ぶべき教科内容が想定されており、それを端的に言えば、科学的概念の形成に向けての活動である。子どもは生活的概念のような説明の適用範囲が狭いものとは違って一般性に富んだ科学的概念の有用性を知っていくことで、生活的概念も取り込んだ知識の統一化と体系化へと向かっていく。

もちろん、ヴィゴツキーの「発達の最近接領域」についての議論には、まだ残された課題もある。教授の中で新しい知識や概念の提示や教師の指導について述べることが中心になっているために、教師と学習者、あるいは学習者間の相互作用の具体的な過程が十分に議論されていない。実際に子どもたちが教師、あるいは他の仲間たちとの相互的な関わりの中でどのような理解や知識を形成していっているのか、その実際は扱っていない。ヴィゴツキーは実際の学校現場に入って学習活動の研究をする希望を持ってはいたが、彼には時間がなかった。

■概念の体系性と一般性

ヴィゴツキーは、学校教育とは子どもが自分の生活と経験の中で身につけてきたもの（自然的概念、あるいは生活的概念）とは異なる知識や概念の一般性と体系性を可能にしていくような科学的概念を提供する場だと言う。つまり、個人的な体験という限定的な理解を超える機会を提供することである。もちろん、ヴィゴツキーは生活的概念を捨てて、科学的概念を伝え、学ばせていくことだけが教育の役割だとはしなかった。むしろ、子どもがこれまで自分が持ってきた知識や理解の仕方とは違うものと出会うことで、より広い発想を自覚すること、これが科学的概念を提供していく教育の役割である。自然発生的概念は子どもが現実の物と直接関わることを出発にしながら次第に概念そのものを自覚し、抽象的操作に辿りついていくようになる。下から上への移行である。これに対して、科学的概念は上から下への移行である。物との直接的な出会いによらず、対象との間接的な関係から始まっている。学校教育の中では、子どもが持つ自然的概念をもとにした理解と、科学的概念の異なる二つの道が交叉しているが、子どもの内面的な理解の過程では互いに補い合い、結びつきながら進んでいく。ヴィゴツキーは次のように言う。「下から上への自分の発達の長い歴史を歩んだ生活的概念は、科学的概念の下への成長の道を踏みならす。なぜなら、それは概念の低次の要素的特性の発生に必要な一連の構造を作り出しているからである。同じように、上から下への道程のある部分を歩んだ科学的概念は、そのことによって生活的概念の発達の道を踏みならし、概念の高次の特性の習得に必要な一連の構造を用意する。科学的概念は、生活的概念を通じて下へ成長する。生活的概念は、科学的概念を通じて上へ成長する」(邦訳 p.317)。

この文章でヴィゴツキーが述べていることは、教育の場で、より一般化可能性を持った科学的概念で自然的概念を置き換えてしまうことだけを目指そうということではない。大事なのは、科学的概念の重要性を学習者が「自覚すること」である。要するに概念として個人の狭い範囲や、そこだけで通用するものではなくて、より広い科学的概念を持つことによって自分の認識の幅を広げていくことである。これが子どもの発達と学習を動かしていく主要な力である。子どもに与えるものは何でもよいということでなく、体系化を促すものが必要である。それが科学的概念へと導く教授の役割である。「自覚は科学的概念の門を通って現れる」(同上ページ)。ここに教授の役割がある。そして何よりも、子どもの側に自覚化が起きることである。

ここで、ヴィゴツキーが概念についてレーニンの『哲学ノート』を使って語っていることをみておこう。レーニンは、概念というのは他の概念と多様な関係、連関としてあるとみている。それぞれの概念は他の概念と連関する中で存在しているということである。「(概念の)諸要素は次のように考えられる。他のものとの多種多様な関係の全体。各々の諸関係は多種多様であるばかりでなく、全般的であり普遍的である。各々のもの(現象、過程、等々)はあらゆるものと結びついている」(『哲学ノート・上』邦訳 pp.219–220)。

このレーニンの言う「概念間の多重な連関」は、ヴィゴツキーの概念の一般性についての議論でもある。ヴィゴツキーはこの第6章の最後の部分で、概念の一般性を取り上げている(「概念の一般性と一般化の構造」)。『思考と言語』の第6章では教育の問題に注目されがちであるが、実は概念研究という大きな範囲の中のことも論じている。この問題意識はヴィゴツキーの二つのノート第21章「思考活動と言葉」、第22章「科学としての心理学」にもある。そして、これらを整理したものが『思考と言語』第6章の「概念の一般性と一般化の構造」である。

コラム「概念の一般性の程度について（About the degree of generality of concepts）」

（ヴィゴツキーのノート・第21章「思考活動と言葉」pp.361–362）

ヴィゴツキーは概念形成の発達の方向は、具体的な事例に拘束されたものから概念の一般性を獲得していくことだとした。人が概念の一般性を持った時、そこでは上位概念とその具体的な概念である下位概念の両方を共に持ち、それらの間を連関する形で概念を構成していく。概念の垂直的な関係と水平的関係という二つの視点を同時に持つということで、喩えとしては地球を緯度と経度という二つの地理的特徴で表すようなものである。具体的なものと抽象的なものとが統一されると概念間の垂直的な関係である緯度と、概念と具体的な対象との関係である水平的な関係である経度を持つことになる。

それでは、概念の一般性はどのように把握し、理解されていくのだろうか。概念の一般化の問題として、このノートで彼が強調しているのは、概念を具体的な対象との連合的な結びつき、つまり具体的な対象との関係だけから概念の一般性を得ていくことはできないということである。子どもは今、自分で持っている概念は他の概念とどのような関係になっているか、概念間の関係を探していくことから次第に概念の一般性に辿りついていくということである。このことを次の彼のノートの「科学としての心理学」で議論している。

コラム 「科学としての心理学（Psychology as a Science）」

（ヴィゴツキーのノート・第22章 pp.367–382）

子どもは概念発達の過程で、具体的な対象と結びつけて獲得した概念がどこまで他のものと連関しているか、また概念で具体的な対象をどのように説明できるかを探りながら、概念の一般化の可能性を検証する「概念段階内の運動（intra-stage movement）」を行っている。これが、次の段階の概念への移行を準備する。

ヴィゴツキーはこのことを、代数の概念の理解を例にして説明している。子どもは算数概念の発達の中で、代数という概念の理解が進んでいく時、数そのものについての認識を変え、数と数の間の関係の一般化を考えようとする。子どもは５＋５という十進法による理解の範囲の中で考えるが、次第に５＋５はａ＋ｂと同じという一般性の概念として理解していく。あるいは、１は１００万マイナス99万９９９９と同じで、数の概念としては等価と考える。だから代数の概念の獲得は、概念間の移動であり、低次な対象を高次な概念化によって一般性を持ったものにしていくことである。

結局、概念の一般性を目指す活動というのは思考の発達のことであり、同時に思考の発達によって概念の再編成という一般化がもたらされる。思考の発達は単に思考内容の発達ではなく、科学的な概念の形成の過程で実現していることである。

ヴィゴツキーが二つのノートを文章としてまとめたのが『思考と言語』第6章の後半の「概念の一般性と一般化の構造」と「科学的概念の体系性と生活的概念の無体系性」である。彼の概念の考えについて、その要点を確認しておこう。

ヴィゴツキーが明らかにしたかったのは、概念の一般性を子どもがどう獲得していくかということである。発達の過程の中で、子どもはしばしば「一般から特殊へ、特殊から一般への概念運動」（邦訳 p.325）を理解することができない。たとえば、子どもには机、椅子、戸棚などの個別具体の事物を上位概念の家具としてまとめてみていくことができない時期がある。ヴィゴツキーが言う垂直運動、概念の緯度を理解できないのである。

概念の発達は、一般化の活動こそが原動力になっている。ヴィゴツキーの発言である。「子どもの実際の概念の研究は、しかし、われわれにもっと多くのものを与えた。それは、概念発達における段階間的運動だけでなく、段階内的運動をも、すなわち、一般化のある段階内における移行、たとえば、複合的一般化のあるタイプから他のより高次のタイプへの移行に基礎をおく運動の解明をも可能にした。……ある段階内におけるより高次の水準への移行に際しては、以前の水準により近い対象に対する関係が保持され、一般性の関係の全体系が激しく再編成されるということはない」（邦訳 p.337）。

段階内での移行はどのように行われるのだろうか。彼は次のように言う。「子どもは、一般化の新しい構造を最初は少数の概念、たいていは、学習過程で新たに獲得した概念に基づいて形成する。子どもがこの新しい構造を随意に使用し得るようになると、かれは以前のすべての概念構造をも改造し、再編成する」（邦訳同ページ、一部訳文を変更）。要するに、子どもが学習の過程の中で一般化の新しい構造に気づく中で、より高次な次元へと移行していく思考変化（高次なタイプの思考）がもたらされる。ヴィゴツキーが指摘しているのは、概念の一般化の可能性を考える、つまり思考するという具体的な活動が大切だということである。

8 「思想と言葉」

第7章「思想と言葉」は『思考と言語』の最終章で、内容としては第1章と重なるところが多い。

■思考活動と言葉の相互連関

ヴィゴツキーは「思考すること（thinking）」と「話すこと（speech）」の二つの活動が交叉する過程の中で意味世界が作られてくると指摘する。これが彼の『思考と言語』の第7章の主要なメッセージである。この章のはじめで、彼は次のように述べている。「思想と言葉との関係は何よりも物ではなくて過程である。この関係は思想から言葉へ、言葉から思想への運動である」（邦訳 p.366）。この後、次の有名な言葉が続く。「思想は言葉で表現されるのではなく、言葉のなかで遂行される。だから、思想の言葉における生成（有と無の統一）ということを、われわれは語ることができよう」（邦訳 p.366）。この文で、「思想は言葉で表現されるのではない」と述べているのは、言葉が思想に一方的に作用する固定的な関係ではなく、また言葉は思想を表現するための道具や手段ではないということである。

このように、ヴィゴツキーは思想と言葉は双方向の動きの流れや運動として「遂行」され、それは「有と無の統一としての生成」という形であると言う。「すべての思想は、運動・流れ・展開をもつ。一言でいえば、思想は、何かの機能を遂行し、何かの作業を行い、何かの問題を解く。この思想の流れは、いくつかの次元を通じた内面的運動として、思想の言葉へ、言葉の思想への移行として行われる」(邦訳 p.366)。ここでヴィゴツキーは、ヘーゲルの言葉である「有と無の統一」を用いているが、同時にヴィゴツキーがいつも参考にしていたレーニンの『哲学ノート』にも、ヘーゲルの『論理学』にある有と無という一見対立するものもそこには逆転がある、いわば弁証法的展開があるという記述があり、参考にしていた。

ここで彼が「内面的運動として」展開されていると述べていたことに注目してみよう。ここには、言葉を自分のものとしていく内的活動という発想があり、それは言語学の中でも言語の生成を活動性(エネルゲイア)に求めたヴィルヘルム・フンボルト(Humboldt, W.)の考えであった。この言語観はもちろん、ヴィゴツキーの根底にもあるもので、彼は第7章の複数の箇所で、フンボルトの言語論にふれている。ヴィゴツキーの場合は、言語の生成論だけでなく、言語と思想の二つの機能的連関を論じたところに、フンボルトとは違う独自性がある。

さらに、ヴィゴツキーは言葉と思想の関係について、思想として構成されているものがすべてであるとか、言葉(「話すこと」)で表現されるものは思想内容に従属的に従っているに過ぎないとする発想は間違っていると言う。「ことばの構成は、思想の構成の単純な鏡のような反映ではない。それゆえ、ことばは、レディー・メードの服のようにして思想に着せることはできない。ことばは、既成の思想の表現に奉仕するのではない。思想はことばに転化するとき、けずり直されたり、変形させられたりする。思想は、言葉で表現されるのではなく、言葉で行われるのである」(邦訳 p.368)。ここでも、思想は言葉の中で遂行されていることが繰り返し指摘されている。

ここでヴィゴツキーは「思想」という言葉を何度も用いているが、彼が指摘しているように、「思想」は動き、運動をしているもの、生成の働きをしているものであるから、「思考すること」とほぼ同義である。もちろん、「思想」は目的意識や志向性、さらには価値意識といったものも含んだ主体の活動を方向づけていくものであるから、単に「思考する」ことよりももう少し広い意味を含んでいる。

■内言の働き

他者との間で使われる言葉が思考とつながっていくという大きな転換をもたらしているのは、言葉の「内言化」の過程によってである。ヴィゴツキーは、言葉の働きとして音声的側面と意味的側面の間の相互的な往還があり、それは主体の内面における運動として展開されていると言う。音声的な活動はその表現として意味的なものを併せ持っており、外言から内言へと言葉の働きを変えていく中でも意味的な側面は必ず保持されている。だから、内言は意味的な活動であって、内言は思考活動や思考内容と深く関わっている。

内言は自己に向けられた話し言葉である。内言の構文的特徴は話し言葉が持っている特徴の延長としてある。話し言葉の特徴は次のようなものである。話し言葉は他者との間の対話の形をとる。そこでは対話の具体的な状況や、相手の顔や表情、振る舞いから言葉の裏にあるニュアンスを感じとる。状況の共有から話の文脈が省略されることがある。お互いがわかっていることは、言葉で確認をしないで済むからである。会話の中で発話者である主語が省略されるのは話し言葉の特徴である。述語主義と言われるもので、主語なしの動作＝述語を中心にした言葉である。自分たちが電車の来るのを待っている時、電車が来たことを「来たよ」というだけで、その言葉の意味は相手に伝わる。お互いが共通の目的を持っているから、主語は省略してもかまわないのである。

内言は話し言葉の省略がさらに進む。内言のこのような構文的特徴から示されることは、言葉の音声的な形相的側面が限りなく単純化され、凝縮され、音としては消えていくことである。これに反比例して、言葉の意味的側面が主要なものになってくる。「内言は、主として言葉の意味を操作するのであって、音声を操作するのではない」(邦訳 p.414) ということである。言葉は内言として働くことで、言葉の意味世界を作っていく。

「語の意味」は個人の内的な思考する活動や思想世界と直接関わっている。その意味では内言は「語の意味」の世界で活動している。ヴィゴツキーは、「語の意味」について、フランスの心理学者のフレデリック・ポラン (Paulhan, F.) を使いながら次のように述べている。「言葉の意味 (word sense)」というのは、ポランが言うようにその言葉によってわれわれの意識の中に発生する心理学的事実の全体である。意味 (sense) は常に動的・流動的で、不動性がある中でもさまざまな領域を持っている複雑な構成体である。言葉の意味 (word sense) はそれが使われる文脈の中で変わってくるのに対して、語義の方は固定的である (邦訳 p.415)。ヴィゴツキーが参考にしたポランの論文は、「語の意味とはなにか」(1928) で、これは神谷ら (2019) によって邦訳されている。

自分の思考活動、そして思想の形成に直接関わりを持つのは、言葉を自分なりに意味づけた語の意味を使った主体の言語活動である。それは「語の語義」とは違ったもう一つの言語活動である。そこでは社会的なものと個人の解釈の自由という二つの境界で機能的な重なりが起きている。

■思想と言葉——人間精神、そして意識を解く鍵

ヴィゴツキーの『思考と言語』第7章の最後の文章は彼の存命中の最後のものである。ここには彼が一貫して求め人間精神の探求の過程で辿りつこうとしたことを一つの結論としてまとめている。ここで「一つ」と言ったのは、彼はこの『思考と言語』に続けて人間精神の本質である「意識」の解明に取り組もうとしていたからである。この研究によって人間の精神の解明、心理学研究は完結すると考えた。そして、そこに向かうために必要としたのが『思考と言語』における作業であった。

彼はこの大部な『思考と言語』を通して言葉は思考の過程と深く関わり、その過程の中で思想が展開されていると説いた。『思考と言語』の最終章であるこの第7章の冒頭のエピグラフとして、友人で詩人であったマンデリシュタームの詩集『トリスチア』にある「燕」の中の言葉を引用している。「わたしは言いたい言葉を忘れていた、そこで肉体のない思考は影たちの宮殿へ還るだろう」。自分の言いたい言葉がない時、そして言葉に自分の思想がない時には、それは思想の形にもならず黄泉の世界に行ってしまう。言葉のない世界の空虚さがあるだけだ。あるいは、マンデリシュタームと同じアクメイストのグミリョーフ（Gumilev, N. S.）の詩である「言葉」の一節を本文の最後のところで引用している。「荒れはてた巣のなかの蜜蜂のように、死んだ言葉はいやなにおいがする」。

ヴィゴツキーは、思考と言葉は人間の意識の本性を理解する鍵でもあると言った。彼が言葉と意識について述べていたことを確認しておこう。ヴィゴツキーがマルクスの言葉を引用しながら語っていることである。「言語は、実際的な、他人のために存在する、したがってまた私自身のためにも存在する意識である」としたら、またもし、「物質の呪い、空気の運動層の呪いは、最初から純粋な意識

の上にのしかかっている」（マルクス・『ドイツ・イデオロギー』第1巻・フォイエルバッハ）ものとしたら、思想だけでなく、意識全体が、その発達において、言葉の発達と結びついていることは明らかである（邦訳 p.433）。これに続けて、彼は次のように言う。言葉は意識の二、三の機能だけではなく、意識全体のなかで中心的役割を演じている。言葉は、人間の意識の歴史的本性の直接的表現である（邦訳 p.433）。

そして、彼の最後の言葉である。「意識は、太陽が水の小さな一滴にも反映されるように、言葉の中で自己を表現する。言葉は、小宇宙が大宇宙に、生きられた細胞が生体に、原子が宇宙に関係するのと同じ仕方で、意識に関係する。言葉は意識の小宇宙である。意味づけられた言葉は、人間の意識の小宇宙である」（邦訳 p.434）。彼はこの言葉を残してこの世を去った。彼の人間の意識の解明のための壮大な仕事は、彼の早い死のために実現することはなかった。

なお、『思考と言語』の第7章には柴田訳の他に神谷と伊藤（2019）による新訳があることを付け加えておく。訳文の正確さ、わかりやすさを目指したものである。

【注】

［1］ロシアの貴族で伯爵だったトルストイは、モスクワから200キロほど離れた広大な敷地である「ヤースナヤ・ポリャーナ（明るい森の草地）」と呼ばれた場所で農民の子どもたちのための学校を作った。その時の経験がこの引用文に表れている。トルストイの「ヤースナヤ・ポリャーナ」で実践した教育理念は日本の文学者である人見圓吉らに影響を与え、人見は妻の緑と共に今日の昭和女子大学の前進の日本女子高等学院を創設してトルストイの教育理念を継承している。

IX　知性と情動の問題――『情動の理論』

本書の最後はヴィゴツキーの『情動の理論』(1931-33) である。これは全部で20章からなる大部なもので、彼はこれを情動の問題を論じていくための序論と位置づけていた。『情動の理論』と『思考と言語』によって知性と情動という人間が持っている二つの大きな心理的側面をトータルに把握することで、人間精神の現実の姿に迫っていこうとした。その意味では、『思考と言語』と『情動の理論』は切り離せないものである。

1　ヴィゴツキーの『情動の理論』について

ヴィゴツキーは最後の著書となった『思考と言語』を完成する前の1931年から33年の間に『情動の理論』を書いている。彼は当時は不治の病とされていた結核のために自分に残された時間が多くはないと死期を悟ったのか、『思考と言語』を急いで完成しようとして『情動の理論』を20章まで書いた段階で一時中断をしている。これが今日、われわれが目にすることができる『情動の理論』で、彼はこの20章に続けてさらに大きなものを構想しており、『思考と言語』の完成の後にその続きを書こうとしていた。彼が予定していた残りの部分が完成していたら大きな本になっていたのだが、結局、それは書かれることなく終わってしまった。

ヴィゴツキーはこの時期、成人の精神障害の臨床的研究にも取り組んで、知性と情動の関係について関心を深めていた。彼は『情動の理論』で知性と情動とを統一的に論じていくことで、人間精神についてのトータルな理論を目指そうとした。

それでは、ヴィゴツキーは情動をどのように考えていたのだろうか。彼は情動理論として既にあった複数の研究を詳細に検討することから始めている。つまり、ジェイムズが考えるような身体の末梢反応による情動支配では人間の知性の自由がなくなるし、ランゲのような脳の視床から大脳皮質へと向かう神経系の動きで説明するものも、結局は情動に対して知性の役割を十分に考慮していないと批判する。さらに、デカルトの情動理論のように身体と心を切り離した心身二元論では知性と情動の間の正しい関係を説明することができなくなってしまう。彼はこのように先行研究をまとめている。

ヴィゴツキーは結局、情動を下位の身体や脳の視床系の振る舞いだけで考えるのではなく、意志や目的といった上位の理性による精神的な情動を正しく位置づけたスピノザの情動論によって、それまでの情動理論の限界を超えようとした。

2　ジェイムズ・ランゲ情動論とその批判

■ジェイムズ・ランゲの情動の末梢起源説

ヴィゴツキーは『情動の理論』の前半の第1章から第9章で、ジェイムズの情動論を論じているが、彼はジェイムズのような身体の末梢部分による情動制御では人間が下位の部分に支配されてしまっていると批判する。ヴィゴツキーがジェイムズの情動論で使ったのは『心理学の原理（*The principles of psychology*）』（1890）の1902年のロシア語版で、その中の第25章「情動（The emotions）」である。

ジェイムズの情動論を簡単に言うと、それまでの伝統的な情動発生の原因を内的な感情状態で考えるのではなく、身体の抹消で起きていることによるという末梢起源説である。つまり、「悲しいから泣く」のではなく、「泣くから悲しい」というものである。[1]

ジェイムズは情動の理論を1884年に学会誌の *Mind* に発表しているが、ジェイムズは類似の情動理論をデンマークのカール・ランゲ（Carl Lange）が出していることを知る。彼は『心理学の原理』のはじめの部分で、ランゲが悲嘆の感情として起きるさまざまな身体現象、たとえば呼吸や身体の動きの低下などをあげて、この原因を血管運動神経系の収縮作用として説明していたことを述べている。ジェイムズはランゲの記述では心臓血管系のことを過度に強調しているとしたが、情動として起きている現象を示す有効な証拠であると紹介している。ただ、この時点ではまだ、ジェイムズ自身はランゲと一緒にしていわゆる「ジェイムズ・ランゲ説」として結びつけてはいない。

このように、元々は二つの理論は独立に発表されたが、ジェイムズは1905年の論文「純粋経験の世界における感情的事実の占める位置」では、自らの考えとランゲの説をまとめて「ジェイムズ・ランゲ説」としている。ジェイムズのこの論文は、邦訳としては、『根本経験論』(1998) と『純粋経験の哲学』(2004) の中に収められている。

ちなみに、二人は共に心臓や血流などの自律神経系の変化が情動反応を起こすと考えたが、そこには違いもあった。ランゲは自律神経系と血管の変化をもっぱら問題にしたのに対して、ジェイムズは身体的な反応全般を考え、感情の表出行動やある動作を起こす道具的行動などもそこに入れていたからである。そして、最も大きな違いで、かつジェイムズ情動論を理解するために見逃してはならないのは、ジェイムズは身体的変化が起きることを感知することで情動が起きると考えた点である。ランゲの方は身体的反応そのものを情動の原因として考えた。「ジェイムズ・ランゲ説」としてヴィゴツキーが批判的に論じているのはランゲの説の方である。

■ヴィゴツキーのジェイムズ・ランゲ情動論批判

ヴィゴツキーがジェイムズの情動理論で問題にしているのは、ジェイムズが経験から得られる身体的な変化を直接感知することで説明してしまい、そこに意志などの人間精神の上位レベルによる統制を考えなかったことである。ヴィゴツキーは経験を重視することを否定はしないが、ジェイムズの場合は人間の目的や意志という感情を超えてそれらを支配するものを無視して、ただ情動に左右されてしまう存在にしてしまったと批判する。ここにはジェイムズとヴィゴツキーの違いがはっきりとある。なお、参考までにジェイムズ情動論、そしてジェイムズ・ランゲ説については藤波（2009）の『ウィリアム・ジェームズと心理学』に、その理論的経緯も含めて説明されている。

3　キャノン・バードによる情動論

ヴィゴツキーは『情動の理論』の第3章と第4章で、ジェイムズ・ランゲの情動論を批判したキャノンらの研究を取り上げている。感情や情動は脳の中枢による反応調整によるといういわゆる「中枢起源説」で、イギリスの脳生理学者のシェリントン、そしてアメリカのキャノンとバードによる研究である。だが、これらは脳の中枢という生理学的な説明であって、知性的情動を正しく位置づけるものではなかった。

ヴィゴツキーが『情動の理論』でシェリントンの情動の脳生理学的研究についてふれているのは、脳と迷走神経、脊髄、骨格筋の間を切断した犬も怒りや恐怖反応、満足といった情動反応を示したというもので、脳によって情動反応が起こるということである。このシェリントンの研究は、彼がイエール大学で1904年に行った講演をまとめた『神経系の統合作用（*Interactive action of the nervous system*）』(1906) 中にある「適応を維持する反応としての反射（Reflex as a reaction of sustained adaptation)」である（エックルス&ギブソン 1979 より）。シェリントンは、脳が多数の反射を有機的に統合して複雑な運動を作り上げていることを主張し、脳が情動系の中枢であるとしていた。

■キャノンの情動中枢起源説

ウォルター・キャノン（Cannon, W. B.）はシェリントンが観察した交感神経幹、脊髄神経根を全部切除した動物（犬）にも適当な刺激を加えると情動反応が起きているという結果を受けて、自律神経のすべての交感神経系を切除してみた。これによって血管運動神経の反応、アドレナリンの内分泌、臓器反応などジェイムズ・ランゲ説で想定されていた情動反応に関わる部分は働かなくなった。だが、このような状態であっても動物（ネコ）は普通の情動反応を示した（Cannon, 1927）。この結果はヴィゴツキーの『情動の理論』の中でも紹介されている（邦訳 pp.43-44）。

キャノンはここから、身体反応が脳に伝わってから情動が起こる（これがジェイムズ・ランゲ説）のではなく、大脳皮質が情動反応を起こすとした。キャノンの考え方に加える形でフィリップ・バード（Bard, A. P.）は視床から視床下部を経て身体反応として情動の表出が起きているという視床下部を重視する考えを出し、これは中枢神経系が情動反応に関わるとする中枢起源説、通称「キャノン・バード説」と言われる。キャノンとバードの場合は、感覚情報が視床から大脳皮質の感情体験へ行くのと、視床から視床下部に行き、そこから身体反応と情動表出となる二つの経路で反応することになる。

4　情動についての新しい研究

ここで、ジェイムズ・ランゲ、そしてキャノン・バード以降の情動研究について簡単にみてみよう。

■脳の情動中枢における複数経路

情動理論として中枢起源説を支持する脳研究が多く、ヴィゴツキーも彼の『情動の理論』の第6章まではこれらを参考にして情動の研究をまとめている。

ただ、キャノン・バードのものは、視床や視床下部を中心とする情動を支配する中枢系だけで説明するものであったが、その後の研究では「パペッツの回路」と言われている帯状回、扁桃体、海馬といった複数の大脳辺縁系が視床を介して神経回路でつながっており、視床だけで説明できない複雑系として考えている。あるいはジョセフ・ルドー（LeDoux, J. E.）が「感情の二経路説」として、視床から出ていく情報には質的に異なるものがあることを指摘し、中枢系による情動の制御も複雑であることが明らかになっている。

ルドー（1996）は視床から扁桃体に行く情動反応と視床から大脳皮質を経由して扁桃体へと行く二つの経路があって、前者（「定位経路」）は伝達が早いが大まかな処理しかしていないので、刺激が何であるのか十分に知ることなく早く情動反応をしている。もう一つの皮質を経由する後者の「高位経路」は合理的な判断を行ってから反応することが可能になっている。たとえば、「オレオレ詐欺」を防ぐためには一呼吸を置くことや、電話の相手が本当に自分の息子であることを確認する行動をとるといったことも皮質を経由した「高位経路」による制御である。ここでも情動反応に関わる複数の中枢系がある。

■感情の二要因説

ジェイムズ・ランゲが情動の抹消起源で前提にしていた感情的な覚醒を起こす身体反応について、身体的体験を認知的にどう解釈していくかが情動反応に関係していることを説明しているものがある。スタンレー・シャクター（Schacter, S.）とジェローム・シンガー（Singer, J.）の「感情の二要因説」である。たとえば、外部刺激によって末梢神経系の生理学的変化が起きた時（心臓のドキドキ等）、この「ドキドキ」がどういう状況や場面のことかを認知的に解釈していく。吊り橋にいるための恐怖心の時は恐怖のせいだとするし、好きな人に寄せる恋愛感情だとそれは恋愛のせいだとなる。そしてこの情動体験は不快か快適かという質的に違った感情になってくる。二つの要因は別の感情や情動を起こしているのである。このように、半分はジェイムズ・ランゲの言うような情動を起こす体験から生理的反応が起きることを想定して、ジェイムズの情動論をすべて否定してはいない。だが、もう半分は体験内容や状況を認知していくことで情動反応が起きるということである。

シャクターとシンガーの説明でポイントとなっているのは、ジェイムズ・ランゲの考えのように、神経系の生理的なものだけによって情動が決められるのではなくて、状況の解釈が感情の喚起に関わっているということである。情動系に関わっているものは単純な一要因だけでないということである。

■ソマティック・マーカー仮説

情動理論を新しい発想で議論しているのが、神経学者のアントニオ・ダマシオ（Damasio, A. R.）の「ソマティック・マーカー仮説」である。内容を簡単に述べると、脳には身体とその状態をモニターする体性感覚皮質と島の二つがあり、ここでモニターされた身体反応とそれを引き起こした対象や刺激を表象することで情動として感じられるというものである。人間はこの情動経験を使って意志決定を効率的に行っているという意味では、有利な情報や行動の選択を行うことが情動や感情の役割である。この意思決定に影響を与えている身体からの信号がソマティック・マーカーである。ダマシオは「ソマティック」を「身体に関する」という意味、「マーカー」は「感情が一つのイメージ（表象）をマークする」という意味であると説明している。

ダマシオは、情動と理性の間で相互作用をしていることを脳における脳幹部・前脳基底部・扁桃体・前帯状皮質、そして視床下部という情動に関わるところと、前頭前皮質、それに連携する腹内側部という理性的な部分との間の連合として想定している。ここで、彼はもう一つの『感じる脳』（2003）で、身体と知性とを二分してしまったデカルトの考えは間違っており、まさに脳内では身体的なものと知性の活動に関わる各系が相互に連関しているとして、心身二元論を超える手がかりを脳に求めている。それは脳科学からスピノザの情動論をもう一度見直すことを意味しているとダマシオは言う。

最近では脳科学による研究が急速に進んでいるが、情動と感情の研究には長い歴史がある。ヤン・プランパー（Plamper, J.）の『感情史の始まり』（2012）は、これまでの感情をめぐる研究としてデカルト、スピノザの哲学研究、ダーウィンの進化論による感情研究、そして脳科学、情報科学といったジャンルを超えた研究を広く渉猟している。それぞれの研究の具体的な実験内容や研究をめぐるエピソードも紹介されており、まさにこれまでの感情をめぐる研究を包括した大部な本である。

最近、ジェイムズ、キャノン、そしてダマシオの論文が邦訳されて、岩波・名著精選シリーズの中の『感情』（2020）に収められている。ジェイムズのものは本章でもみてきた『心理学原理』（1890）の第25章・「情動」の邦訳である。キャノンのものは、邦題では『痛み、恐れ、怒りに伴う身体変化』（1929）の著書の抄訳、ダマシオのものは「ソマティック・マーカーと行動指針」（1991）の論文の邦訳である。

5 情動研究――生理学的研究から哲学的考察へ

ヴィゴツキーは『情動の理論』の第7章で、情動については哲学的研究が不可欠であるとして、デカルト、そしてスピノザの情動論を哲学的な視点から論じている。身体的情動反応や大脳生理学といった「下からの研究」だけでなく、感情や理性を哲学的に考究する「上からの研究」が必要だということである。具体的には、第10章以降で、ヴィゴツキーはデカルトの哲学的情念論を検討しているが、デカルトの場合は心と身体を切り離した心身二元論になってしまって正しく情動と理性の関係を論じていないと批判する。

■デカルトの情念論

ヴィゴツキーは『情動の理論』の後半部分の第10章から第19章でルネ・デカルト（Descartes, R.）の情動論を詳しく検討している。デカルトの『情念論』（1649）を確認しよう。

デカルトは『情念論』の第1部で、情念は精神の受動であり、この受動を引き起こしているのは身体と運動であるとする。そして、身体（物体）とは区別される能動的な精神があって、情動と区別している。デカルトは身体と精神は独立したもので、この二つが相互に関わっているところが腺（松果腺）であり、結局、精神が実際に機能を果たしているのはこの部分ということになる。デカルトは情念を直接引き起こしているのは動物精気で、その第一の原因になっているのは感覚を引き起こしている「動かしている対象」である。動物精気が脳にある腺（松果腺）を動かすことで情念が起きる。

デカルトは、身体とは独立しながら自らの意志で思考する能動的な精神があり、これを情念のような受動的な精神と区別している。意志についても二つあって、物質的でない対象に思考を向けていくものと、たとえば散歩をするために脚を動かそうと働かせるものがある。

このように、デカルトの中には精神に関する唯心論的学説と身体に関する機械論的学説とが交差している（『情動の理論』邦訳 p.154）。そして精神については身体や運動と切り離して論じ、まさに「心身二元論」として、精神だけを別ものとする「唯心論」であり、「観念論」である。ヴィゴツキーが強く批判するのもここである。

■ヴィゴツキーのデカルト心身二元論批判

ヴィゴツキーは、精神と身体とを分断してしまったことがデカルトにとっては「つまずきの石」になっていると言う。ヴィゴツキーにとっては、心と身体を独立したものとして分離してしまうのではなく、両者は相互に連関を持ったもの、心理システムとして統合されているものとしてみなければならないのである。ヴィゴツキーの発言である。「人間の心の基本的現象である情念は、精神と身体をひとつの存在に結合する二重の人間的本性の直接的な現れである。さらに、情念は、精神と身体が共同生活する、全宇宙において唯一の現象である」（邦訳 p.208）。

ヴィゴツキーと同じく、前にみたダマシオも、デカルトの心身二元論、そして感情と理性を対立的に考えることを強く批判している。ダマシオは『デカルトの誤り』の中で、デカルトの『方法序説』(1637) の第4部にある有名な言葉の「ワレ惟ウ、故ニワレ在リ」(邦訳 p.46) は理性と感情を対照的にみることを意味していると言う。「字句通りに受け取るなら、この言明は、心の起源そして心と身体との関係について、私 (ダマシオ) が真実であると考えていることとまさに正反対のことを説いている。それは思考、そして思考の自覚が、存在の真の基盤であることをほのめかしている。また知られているように、デカルトは思考を身体から完全に分離した作用であるとみているわけだから、間違いなくそれは、心、すなわち『考えるもの』(レス・コギタンス) と、思考しない身体、すなわち延長と機械的部品を有するもの (レス・エクステンサ) との分離を公言している」(邦訳 p.374)。

デカルトは身体と精神をバラバラにする大きな間違いをした。ダマシオは、元に戻して心と身体を同一の現実の二つの側面として理解しようとした。ダマシオはそれをスピノザの思想に求めた。

■低次と高次の情動を分けることの問題

デカルトの心身二元論では、精神と身体を区別する発想から能動的な精神がある一方で、情念は受動的な精神であるとして、同じ精神でも情念を下位のものとして扱っている。これと同じく、ジェイムズも情動を基本的な粗大情動として扱っていた。ジェイムズは低次の情動である粗大情動をもっぱら人間の情動の基本としてしまった。しかし粗大情動だけで人間の情動を論じることはできない。

ヴィゴツキーは『情動の理論』の第18章「低次の情動と高次の情動――その統一的把握」では、人間の情動として低次の情動だけでなく美的感動や道徳的な感性等の高次な情動を考えるべきだし、意識や思考といった上位の活動による意味づけ、さらには情動を個人の活動を高めていく意欲という高次の情動についても正しく位置づけるべきだと言う。そして高次の情動の存在について具体的に議論している。彼は「子どもの心理発達における遊びとその役割」(1933)では、子どもたちが共同遊びのためにルールを作り、それで遊びを展開するのにも、遊びをより面白いものにする高次の情動がその動機として働いていると言う。

子どもが自分たちの作った遊びのルールに沿って決められた役を展開しようとするのは、単にルールを守るという規範意識によるのではなく、強い喜び、仲間と面白い遊びをしたいという意志と願望から生まれている。ヴィゴツキーはルールを生成し、それを共同遊びとして展開していく背景にあるのは、スピノザの言う「コナトゥス」が子どもたちの遊びの根源にはあるからだと言う。「コナトゥス」は自己保存の努力と解釈されたりもしているが、「コナトゥス」を目指して日々の行為を続けることが人間にとっての徳、つまりは高次な情動の繊細情動であり、それは人間を完成へと向かわせるものである。「遊びは、随意性と自由の王国である」とヴィゴツキーは先の論文の中で子どもの遊びを表現したが(邦訳 p.25)、これはまさに「コナトゥス」として人間が生きていくあるべき姿を子どもの遊びの中で確認したものである。

人間は自己の主体として意志を持って生き、それを実現していくことを目指している。自分の意志で生き、行動することによる喜び、「コナトゥス」が人間の根源にある活動であり、そのような願望や情動こそが人間にとっての情動である。ヴィゴツキーはこのように考え、これまでの低次の情動ばかりを問題にしてきた情動論をスピノザの情動論と人間思想をバネにして乗り越えていこうとした。

6　スピノザの思想を受け継ぐヴィゴツキー

ヴィゴツキーはスピノザを通して人間心理とはどういうものであるべきか、そのためには心理学はどのようなものでなければならないかを考えた。

■高次な精神的情動の存在

『情動の理論』で、ヴィゴツキーはスピノザを通してデカルトの心身二元論を超えていこうとした。デカルトのような二元論ではなく、感情・情動と心・魂とは相互に関連し合うプロセスとして展開していくという考えをスピノザから継承した。さらに、ヴィゴツキーは情動についてだけでなく、スピノザが提起した問題は広く人間心理を論じていくための重要な視点を提示していると考えた。ヴィゴツキーは『情動の理論』の第7章の最後を、スピノザによって新しい人間研究の視点を得ることができるという文章で結んでいる。「情念に関するスピノザの学説は今日の心理学者にとってただ歴史的興味だけを提供していると考えるような伝統的な見解に対立することによってこそ、もっとも明瞭で鮮明に表現されうるのである。・・・私たちが思うには、情念に関するスピノザの学説は現代心理学にとって実際に歴史的興味を提供しうるものであるが、これは私たちの科学の歴史的な過去を解明するという意味においてではなく、心理学の全歴史とその未来の発展との転換点という意味においてである」(邦訳 p.80)。

ヴィゴツキーは、『情動の理論』の直前に書かれた「心理と意識と無意識」(1930)でも、スピノザの心身一元論の考えを論じながら弁証法的心理学の実現を目指していこうとして次のように述べている。「弁証法的心理学は何よりも心理過程と生理学的過程との統一から生じてくるものである。弁証法的心理学にとっては、スピノザの言葉(「エチカ」)を使えば、心理は自然の外側にあったり、あるいは国家の中の国家のようなものではない。それは私たちの頭脳の高度に組織化された物質の機能と直接結びついているような自然そのものの一部なのである。それは他のすべての自然と同じように、発達過程で新しく創られたものではなく、元にあったものから派生したものである。…私たちはこうして人間の高次な形態の行動を表す独特な心理生理学的統一の過程を認めることに辿りつくことになる。これらは人間の行動の高次な形態を示しており、これは心的過程(mental processes)とは異なり、また生理学的過程と呼ばれることのアナロジーで、私たちは心理学的過程(psychological processes)と呼んでいくことを提案する」(英文 pp.112–113)。

■スピノザ——多様なものの連関という発想

スピノザの思想がヴィゴツキーに与えた影響としてふれなければならないのは、ヴィゴツキーの「心理システムについて」である。彼は自分自身がこれまで持ってきた基本理念として、「人間精神のすべての現象は一つの閉じられた機能内の変化で説明できるようなものではなく、個々の機能から生じる結合の変化と無限に多様な運動の形態にある」(邦訳 p.37)と述べている。そして、このような主張の前提になっていることを、この文章の少し前のところでスピノザの考えにふれながら次のように指摘している。「レヴィンが正しく述べているように、心理システムの形成は人格の発達と合致している。最も美しい精神生活を持った倫理的にも最も完成された人間としての人格（perfect human personalities）が存在するというきわめて高次な事例の場合には、全てのものが一つの目標に相互に関連づけられるようなシステムの発生を私たちはみるのである。スピノザには次のような理論があって（それをここでは私は少し変えているが）、それは、全ての現象と全ての状態が一つの目標に関連づけていくことに心（soul）は到達することができるというものである。一つの中心をもったシステムが人間の行動を最大限に集中するように発達するということである。スピノザにとっては、ただ一つの理念（idea）は神と自然についての理念である。心理学にとってそれは不必要なものである。だが、人は個々の別々の機能を一つにシステムに組み入れるだけでなく、全体のシステムのために一つの中心を作り上げていくことができる。スピノザはこのシステムを哲学的な次元で示した。つまり、生活が一つの目標のためになっているようなモデルになっている人たちがいること、その人たちはこのことが可能であることを実践という形で証明した。心理学の課題はこのような統一されたシステムの発生が科学的に可能であることを明らかにしていくことである」（英文 p.107. 一部伊藤・神谷他の邦訳を参照）。

ヴィゴツキーの理論の中にはスピノザの思想が深く入り込んでいる。だが、ヴィゴツキーがスピノザをどう読んだのかを確認していくことは難儀である。というのは、ヴィゴツキーの著書ではいつもそうなのだが、彼は使用文献や箇所を明記しないことが多く、スピノザのどこをどう使っているか確認しにくいからである。このような難しい課題を抱えている中で、ヴィゴツキーがスピノザのどの文章を使い、どう解釈していったのかをスピノザの著書を細かくみながら確認をしているのが神谷であり、彼の一連の論文である。たとえば、ヴィゴツキーの最初期の著作である『芸術心理学』(1925)では、扉のエピグラフでスピノザの『エチカ』にある「身体が何をなしうるかをこれまでまだだれも規定しなかった」に始まる文章、そして、「はじめに」の最後では「私の考えは題辞(エピグラフ)にしめしたスピノザの言葉のなかにあり、かれのあとをついで驚いたり、笑ったり、泣いたりしないで、ただ理解することに努めた」と述べているが、これが何を示唆しているかということである。何故、スピノザの言葉なのか、やはりこのままではわからない。だが、ヴィゴツキーは、芸術的な美的感動を単に個人の世界としてだけでなく、芸術作品との相互的な緊張関係、つまり心身問題として論じること、それがマルクス主義的芸術論としてあるべきだと論じた。このヴィゴツキーの芸術論にはスピノザの身体と心の「統一性」が背景にあることを、神谷は「『芸術心理学』から『情動に関する学説』へ」(2006)で指摘している。

ヴィゴツキーの『情動の理論』の訳業の中心的な役割をしている神谷は一連の論文(2004, 2006, 2007, 2009)で、ヴィゴツキーは情動研究に限らず、人間精神とその発達は複数の要因の連関の中で生じているとする、いわゆる弁証法的心理学の考えを構築しているが、その指針として位置づけたのがスピノザの思想であったと言う。

■スピノザ——人間の本質にある自由

ヴィゴツキーは彼のノートの第13章「スピノザと高次の情動の問題(Spinoza and the Problem of

Higher Emotions)」(pp.209–236)で、『情動の理論』の中でスピノザの情動論をどのように展開していくべきか、その構想をメモにしている。スピノザについては全部で八つのメモが書かれており、その中にはスピノザの哲学についてのモノグラフのための執筆プランとして書いていたものがある。これは実際には著書として完成することはなかったが、これが仮に実現していたら実に面白いものになっていただろう。これらのヴィゴツキーのメモからは、彼がスピノザのどこを重点的に取り上げようとしていたのか、そのポイントとなっているところがわかる。

ここでは、スピノザが高次な情動を重視していたこと、感情・情動と思考との間の相互連関、そして人間として自由の問題としてヴィゴツキーがスピノザを論じていたところを中心にみていこう。

コラム「スピノザと高次の情動の問題」(Spinoza and the Problem of Higher Emotions)

(ヴィゴツキーのノート・第13章)

ノートの最初にあるメモ「スピノザの思考からの恩恵」では次のような項目をあげながら、感情と知識・概念とは相互連関すること、ここから人間は自由を得ていくが、この考えはスピノザが『エチカ』で強調していたと言う。そして、スピノザの、人間は具体的な生の活動を通して理性的な自由を実現していくという指摘を継承していくとしている。そのことはまた、ヴィゴツキーは自らが構想しているマルクス主義心理学の中にスピノザの思想を位置づけながら人間心理を論じていくことである。

- 感情の概念は能動的なものであり、自由ということである

・自由――概念の中にある感情
・統合失調症は感情の崩壊である
・人格発達のための壮大な研究デザイン――自由への道。マルクス主義心理学の中でスピノザ主義を蘇らせるために

メモの「スピノザの卓越したアイデア」では、ヴィゴツキーはスピノザの理論を心理物理的な問題という観点からみた時、そこには心身並行論を超える新しい発想があると指摘している。そして、ヴィゴツキーは知識が人の生を変えていくこと、そこでは情動だけに規定されることなく理性の誘導の下で人生は自由を得ていくというスピノザの思想を確認している。

ヴィゴツキーは特にスピノザの『エチカ』の第4部にある自由な人間は戦場の危険を避けることもできるし、それは理性によっても可能になっていると述べていることをあげながら、スピノザ理論の中心にあるのは、知識が人の生を変えていくということであり、それは心身並行論のような発想からは出てこないとする。意識を構成している概念、感情、そして意志のユニット、あるいは心と身体のユニットによって感情は説明される。スピノザは、知識は身体に依存するが、だが、それは決して機械的なものではなく、人の生き方は理想としてどういうものを順番として持っているかによるし、人の振る舞いはその人の人格として持っているものによってもいると言う。このように感情・情動と理性や知識とは結び合っている。

ヴィゴツキーの「情動の理論の章構成メモ」は、『情動の理論』でスピノザ理論をどのようにまと

めていくか、その内容構成をメモとして書いたものである。これは実際には第10章としてまとめあげられたが、このメモの中で特に注目しておきたいのは、ドイツのスピノザ研究者であるクーノ・フィッシャー（Fischer, K.）のスピノザに対する評価に関するところである。フィッシャーはスピノザの考えを一定程度評価をしながらも、結局、スピノザはデカルト主義者でデカルトの心身並行論をそのまま受け継いでおり、さらにデカルト思想に意識などを入れてしまって唯心論的な方向に変えてしまったと批判している。これに対してヴィゴツキーは、スピノザが感情と思考、情念と概念をどちらか一方のものに解消しない新しい情動論を展開していると指摘している。ここからも、ヴィゴツキーがスピノザのユニークさと重要性を高く評価していたことがわかる。

■人間的自由のための心理学理論の構築

ヴィゴツキーは心理学の課題として、理性と感情の結合による人間的自由という人格発達とその理論の構築があるとし、それは彼が目指すマルクス主義心理学の完成のための課題でもあった。ヴィゴツキーはスピノザから本来のあるべき人間心理の姿を描き出すための理論モデルを得ようとした。情動は意識という複合的なシステムの中で働いていて、理性が情動を統制すると同時に、その逆もあって、理性と感情・情動とは一つにつながっている。

実は、このようにスピノザの理論から人間の真のあるべき姿を見出していこうとしたのはヴィゴツキーだけではなかった。スピノザについて複数の著書がある哲学者のジル・ドゥルーズ（Deleuze, G.）は、情動と認識的活動とは相互に作用し合っているとし、精神や身体を動かない「実体」として捉えるのではなく、活動する中でその姿が表現されていく「様態」としてみている。人も自然も己を表現していくこと、それが生の活動である。ドゥルーズは『スピノザと表現の問題』(1968) であらゆるものに内在しているのはこの表現し、自らを生成していくことであるとする。そして、彼の最後の論文となった「内在――ひとつの生 …」(1995) では、スピノザが『エチカ』第5部の定理23以降にある人間の知性と自由について語っているのは、人、そして自然はそれぞれの摂理でもって自らの力で生きていくことであり、それが生を肯定していくことを述べたものだとも言う。

【注】

［1］ヴィゴツキーも言及しているジェイムズの文章である。「私の理論では反対に、身体的変化はこの興奮を呼び起こした事実の知覚に直ちに引き続いて起こり、そしてこれらの身体的変化が起きている時にこれに対する感じ (feeling) がすなわち情動なのである。常識的に言えば、われわれは財産を失うと悲しくなり、泣く。熊に会うと恐ろしくなり、逃げる。競争相手に罵られると怒って殴りかかる。しかしここで私が擁護していこうとする仮説では、この順序は正しくない。一つの心的状態が他の心的状態から直接よび起こされることはなく、まず、身体的表出が両者の中間に挟み込まれなければならない。そしてより合理的に言えば、われわれは泣くから悲しい、殴るから怒りを感じる、震えるから恐ろしいのである。われわれが泣き、殴り、震えるのはわれわれが悲しかったり、怒っていたり、恐ろしかったりするからではない」(pp.449-450)。

X 付録

・ヴィゴツキーに関する主な研究書籍では、ヴィゴツキーの生涯と研究の経歴を中心に書いた邦文と英文の著書として代表的なものを載せておく。英文著書からはさらに近年のヴィゴツキー研究の動向も分かる。
・ヴィゴツキー主要著書邦訳リストでは、ヴィゴツキーの著書・論文として邦訳のある主なものをリストとして掲載する。
・略年譜では、ヴィゴツキーの三十七年の生涯を年譜としてまとめておく。
・関連主要人物では、ヴィゴツキーの著書の中に登場してくる研究者について、その研究内容を簡単に付しながら紹介する。

1 ヴィゴツキーに関する主な研究書籍

ヴィゴツキーの生涯や研究の経歴などを書いたものはいくつかある。日本語で書かれたもので、比較的新しいものに以下がある。

佐藤公治（2015）『ヴィゴツキーの思想世界』（新曜社）
広瀬信雄（2018）『ヴィゴツキー評伝』（明石書店）
中村和夫（2018）『ヴィゴーツキーの生きた時代［19世紀末～1930年代］のロシア・ソビエト心理学』（福村出版）

佐藤は、ヴィゴツキーの主要な心理学研究を中心にして、その展開を彼が出会った人物との交流を織り交ぜながら論じている。広瀬のものは、まさにタイトルのように、ヴィゴツキーの生涯についてエピソードを中心に取り上げている。中村は、ヴィゴツキーの研究の背景にあるものとして当時のロシア・ソビエト心理学の歴史と動向を中心に論じ、あまり知られていなかったヴィゴツキーが活躍した時代より前のロシア・ソビエト心理学についても紹介している。このように、三つの著書は取り上げた内容や力点の置き方も違っている。

その他、単行本として日本語に邦訳されたものには、以下がある。

イーゴリ・レイフ（2011）／広瀬信雄訳（2015）『天才心理学者　ヴィゴツキーの思想と運命』（ミネルヴァ書房）

アレクセイ・レオンチェフ（1990）／広瀬信雄訳（2017）『ヴィゴツキーの生涯（新装改訂版）』（新読書社）

次の書は、単行本の中の補章としてヴィゴツキーの生涯を述べている。

山崎史郎（2005）『児童青年期カウンセリング』（ミネルヴァ書房）

英文で参考になるのは、以下のものである。

Wertsch, J.V. (1985) *Vygotsky and the social formation of mind.* Cambridge, Massachusetts: Harvard University Press.

van der Veer, R. & Valsiner, J. (1991) *Understanding Vygotsky: A quest for synthesis.* Cambridge, Massachusetts: Blackwell.

Valsiner, J. & van der Veer, R. (2000) *The Social mind: Construction of the idea.* Cambridge, U. K.: Cambridge University Press.

van der Veer, R. (2007) *Lev Vygotsky*. London, U.K. : Continuum books.

近年、ヴィゴツキー派の研究をまとめたハンドブックが出版されており、ヴィゴツキー研究の進展の様子がわかる。

Yasnitsky, A., van der Veer, R. & Ferrari, M. (eds.) (2014) *The Cambridge handbook of cultural-historical psychology*. Cambridge, U. K.: Cambridge University Press.

ヴィゴツキー派の研究書がシリーズ（全8巻）として出ている。主要なものをあげる。

Zavershneva, E. & van der Veer, R. (eds.) (2018) *Vygotsky's notebooks*. Springer.

Fleer, M., Rey, F. G., & Veresov, N. (eds.) (2017) *Perezhivanie, emotions and subjectivity*. Springer.

Yasnitsky, A. & van der Veer, R. (eds.) (2016) *Revisionist revolution in Vygotsky studies*. London: Routledge.

このシリーズにはヴィゴツキーの重要な概念である「心的体験」や情動、主観性を論じた一書 *Perezhivanie, emotions and subjectivity* がある。ヴィゴツキー研究の背景にあるものを含めてヴィゴツキーの活動に関する論文を独自の視点から集めた *Revisionist revolution in Vygotsky studies* もヴィゴツキー理解に資するものである。

その他、ヴィゴツキーの口頭発表や手紙を含めた彼の著作一覧をヴィゴツキーの資料を管理していた長女のヴィゴツカヤとリファノヴァがヴィゴツキーの生誕100年を記念して1996年に『心理学の諸問題』誌にまとめている。この日本語訳が百合草による「エリ・エス・ヴィゴツキーの文献目録完全版」(2017) である。275本の著書・論文のリストが書かれている。百合草の訳出した人物表記ではベールイをベーリン、レールモントフをレールマントフとしたように若干の表記間違いがあるが、ヴィゴツキーの著作の全貌を知ることができる。この資料は活動理論学会のHPから入手できる。

2 ヴィゴツキー主要著書邦訳リスト（＊は絶版、ないしは在庫切れ・増刷未定のもの）

＊「デンマークの王子ハムレットについての悲劇」（1916）峯俊夫・訳（1970）『ハムレット――その言葉と沈黙』国文社
『ヴィゴツキー心理学論集』（1924-34）柴田義松他・訳（2008）学文社
『ヴィゴツキー障害児発達・教育論集』（1924-34）柴田義松他・訳（2006）学文社
＊『寓話・小説・ドラマ――その心理学』（1925/1968）峯俊夫・訳（1982）国文社
＊『芸術心理学（新訳版）』（1925/1968）柴田義松・訳（2006）学文社
＊『心理学の危機』（1927）柴田義松他・訳（1987）明治図書出版
『ヴィゴツキー教育心理学講義』（1927）柴田義松他・訳（2005）新読書社
『「人格発達」の理論――子どもの具体心理学』（1929-1934）土井捷三他・訳（2012）三学出版
『「発達の最近接領域」の理論――教授・学習過程における子どもの発達』（1929-1934）土井捷三・他訳（2003）三学出版
＊『人間行動の発達過程』（ルリヤとの共著）（1930）大井清吉他・監訳（1987）明治図書出版
『子どもの想像力と創造（新訳版）』（1930）広瀬信雄・訳（2002）新読書社
『文化的－歴史的精神発達の理論』（1930-31）柴田義松・監訳（2005）学文社、電子書籍で復刊

『思春期の心理学』(1930-31) 柴田義松他・訳 (2004) 新読書社
『新児童心理学講義』(1930-34) 柴田義松他・訳 (2002) 新読書社
*『情動の理論』(1931-33) 神谷栄司他・訳 (2006) 三学出版
『子どもの心はつくられる　ヴィゴツキーの心理学講義(普及版)』(1932) 広瀬信雄・訳 (2002) 新読書社
『思考と言語(新訳版)』(1934) 柴田義松・訳 (2001) 新読書社

ヴィゴツキー学協会による『ヴィゴツキー学』第1巻－第10巻、別巻第1号－第5号、増刊第1号には邦訳書では削除されていた章などを訳出したものが収められている。

3 略年譜

1896年11月17日（0歳）（ロシア旧暦：11月5日）ベラルーシ・ミンスク郊外のオルシャで生まれる。父親：セミョーン・リヴォーヴィチ・ヴィゴツキー、母親：ツェツィリヤ・モイセーエヴナ・ヴィゴツカヤの八人兄弟の第二子として生まれる。

1897年（1歳）ウクライナに近いゴメリ市に一家が転居。1913年、17歳までこの地で生活。

1903年、1905年　ベラルーシでポグロム（ユダヤ人惨殺事件）

1907年（11歳）ギムナジウム（小・中学校）に一時入学するが、学校に行かずに家庭教師・ソロモン・マルコヴィッチ・アシピスの下で学ぶ。

1911年（15歳）ラトネル私立ユダヤ人ギムナジウムに途中入学（二年間だけ過ごす）。

1913年（17歳）ラトネル私立ユダヤ人ギムナジウムを卒業。大学入学資格を得る。

1913年9月　モスクワ大学医学部入学。一か月後の10月、法学部に転部。

モスクワ大学に在籍しながらシァニャフスキー人民大学に入学（ダブル・スクール）。哲学、文学、心理学、教育学を学ぶ。

1915－1917年　ロシア・ユダヤ系の文芸雑誌「新しい道」の発行の手伝いをし、複数の評論も投稿。

1916年（20歳）　シァニャフスキー人民大学に提出する卒業論文「デンマークの王子ハムレットについての悲劇」をまとめる。

1917年（21歳）　モスクワ大学・法学部卒業。地元ゴメリの中学校教師として赴任。

1917年10月25日（グレゴリオ暦：11月7日）　ロシア革命（10月革命）。

1918年（22歳）　結核のためにサナトリウムに入院。

1924年　全ロシア精神神経学会第2回大会で研究発表（後の論文「反射学的研究と心理学的研究の方法論」）

1924年2月（28歳）　モスクワ大学附属実験心理学研究所に研究員として赴任。その直前に、ローザ・ノエーヴナ・スメホーワと結婚。レオンチェフ、ルリヤとの「トロイカ」体制で新しい心理学に向けての研究活動を開始。教育人民委員部心身障害児教育部門の部長を兼務。

1925年（29歳）　7月「第8回ろうあ児教育に関する国際大会」に出席・研究発表でイギリス、ドイツに出張。秋に新しくアパートに居を移す。

10月　学位論文「芸術心理学」完成。長女・ギータ誕生。

11月　結核が悪化してザハリイノ・結核療養所に入院（半年間）。

1927年（31歳）「心理学の危機の歴史的意味」原稿完成。

1929年（33歳）　中央アジア・ウズベキスタンでの調査研究の準備でタシケント滞在。

1930年（34歳）『人間行動の発達過程』（ルリヤと共著）出版。

次女・アーシャ誕生。

1930－31年『文化的・歴史的精神発達の理論』原稿完成。

1931－32年（35歳）ウズベキスタンでの調査研究。ルリヤの手で『認識の史的発達』原稿完成。

1931－33年『情動の理論』原稿完成。

1934年（37歳）『思考と言語』完成・出版。

6月　結核が悪化して銀の樹林・結核療養所に入院。

6月11日　他界。

4 関連主要人物（アイウエオ順）

アドラー（Adler, A.）

オーストリア出身の精神科医、心理学者。ヴィゴツキーは障害児の発達可能性をアドラーの「過剰補償」、障害を補うために能力を発揮する考えに注目した。

イヴァーノフ（Ivanov, V. V.）

ロシア記号論の代表的研究者。ヴィゴツキーの『デンマークの王子ハムレットについての悲劇』『芸術心理学』の編者であり、行方不明になっていた『芸術心理学』の原稿を発見した当事者。

グミリョーフ（Gumilev, N. S.）

アクメイスト派のロシアの詩人。ヴィゴツキーが『思考と言語』で彼の詩「言葉」を引用している。

クルイロフ（Krylov, I. A.）

寓話作家・文学者。ロシアの民衆詩の寓話を採集した。ヴィゴツキーは『芸術心理学』で寓話のいくつかを引用している。

クルトネ（Courtenay, J. B. de）

形式的な構造分析による言語や散文の客観的な研究を目指したロシア・フォルマリズムの代表者の一人。ヴィゴツキーは『芸術心理学』の中で上からの分析として形式主義を批判した。

ケーラー（Köhler, W.）
ドイツの心理学者で、ヴィゴツキーが人間と動物の知的活動の違いを論じた時に彼の『類人猿の知恵試験』に言及している。

コルニーロフ（Kornilov, K. N.）
ヴィゴツキーが心理学研究所在職中の所長で、「反応学」の概念で科学的心理学を構築しようとしたが、ヴィゴツキーは「反応学」の折衷主義を「心理学の危機の歴史的意味」で批判した。

ジェイムズ（James, W.）
アメリカの心理学者で、人間の意志を論じた「フィアット」の概念や、情動の理論として情動の末梢起源説を主張したが、ヴィゴツキーは情動の理論ではこれを批判した。

シペート（Shpet, G. G.）
ロシアにフッサール現象学を導入した人物で、シァニャフスキー人民大学でヴィゴツキーはシペートから哲学、文学、心理学等の指導を受けている。シペートの『言葉の内的形式』はヴィゴツキーの内言論に一定の影響を与えている。

シュテルン（Stern, W.）
ドイツの心理学者で、ヴィゴツキーが障害児の発達を論じた時に参考にした。障害を補う形で別の発達の可能性を論じた障害の二面的役割を論じた。

スピノザ（Spinoza, B. de）
ヴィゴツキーが人間の本質として主体性を重視し、理性的な自由を重視する考えはスピノザの「コナトゥス」に基づいており、ヴィゴツキーの人間観に強く影響を与えている。ヴィゴツキーの『情動の理論』ではスピノザの情動論を集中的に議論している。

スタニスラフスキー（Stanislavsky, K.）
ロシアの演劇理論と演劇指導論で大きな影響を与えた。ヴィゴツキーは言葉の意味世界を論じるうえで表面的な言葉で表されているものとは違う裏の意味として「ポドテクスト」論を参考にした。

ゼイガルニク（Zeigarnik, B.）
ドイツでレヴィンの下で学んだ後、ロシアに戻りヴィゴツキーと共にモスクワ・実験医学研究所の精神神経学クリニックで高次精神機能の障害と病態研究に取り組んでいる。知的障害児の情動研究でヴィゴツキーと深く関わっている。

チェルパーノフ（Chelpanov, G.）
心理学研究所の創設者で所長を務めたが、ロシア革命後は観念論的な心理学を批判されて更迭される。ヴィゴツキーも彼のヴント流の内観法や現象学的研究では科学的心理学にならないと強く批判した。

チュッチェフ（Tyutchev, F. I.）
内省的叙情の表現を重視した詩人で、ロシア・シンボリズムの先駆者であった。外交官としてドイツに長く滞在していた。ヴィゴツキーのハムレット論では彼の考えを参考にしていた。

トロツキー（Trotsky, L. D.）
ロシア革命をレーニンと共に主導した一人で、主体的に活動することを重視した考えにヴィゴツキーは親近感を持った。ヴィゴツキーは彼の研究ノートではしばしばトロツキーの考えを取り上げている。

パブロフ（Pavlov, I. P.）

ロシアを代表する大脳生理学者で、条件反射学によって精神活動を客観的な科学研究の対象にできると考えた。ヴィゴツキーは、条件づけによる刺激－反応の形成という単一の要因では人間の心理は説明できないとして批判した。

ピアジェ（Piaget, J.）

著名な発達心理学者の一人で、ヴィゴツキーは『思考と言語』で彼の発達論は教育や社会・文化的役割を考慮していない「自生的発達論」であるとして批判した。両者の発達観には明確な違いがある。

ブーニン（Bunin, I. A.）

ロシアで初のノーベル文学賞を受賞した小説家で、ロシア革命後はフランスに亡命。ヴィゴツキーは『芸術心理学』で彼の作品の『軽いため息』で主人公の内的世界を作品から理解することの重要性を論じた。

フランクフルト（Frankfurt, Y. Y.）

プレハーノフのマルクス主義哲学の思想を受け継ぎ、人間心理は物質が内部へ移行した内的状態であるという機械的唯物論の考えをとった。ヴィゴツキーは「心理学の危機の歴史的意味」で何度も批判した。

プレハーノフ（Plekhanov, G. V.）

マルクス主義をロシアに導入した立役者で、唯物論哲学の理論を展開した。フランクフルトやコロニーロフといったマルクス主義による心理学研究を目指した人物に思想的影響を与えた。

ブロンスキー（Blonsky, P. P.）
シァニャフスキー人民大学でヴィゴツキーに教育学、心理学を教え、ヴィゴツキーの『教育心理学講義』では何度も取り上げている。彼が中心になって提唱した「児童学」はヴィゴツキーも共鳴した。

ベヒテレフ（Bekhterev, V. M.）
パブロフ条件反射学をそのまま人間の心理に当てはめた「精神反射学」を主張した。それは人間に特有な言語活動を軽視したもので、また機械的な唯物論、反映論の考えでもあった。

ポテブニャ（Potebnia, A. A.）
言葉を内的なイメージと音声が結合したもので、言語を内的な言語形式のイメージとして説明した。ヴィゴツキーの言語論に一定の影響を与えた。

ポラン（Paulhan, F.）
フランスの心理学者で、言葉には社会的な「語の語義」と区別される個人の「語の意味」があり、個人の意識の中で発生する心理学的事実の全体とした。ヴィゴツキーは「語の意味」論で使っている。

マンデリシュターム（Mandelschtam, O. E.）
アクメイスト派のロシアの詩人で、生前ヴィゴツキーとも交流があった。彼の詩集『トリスチア』の中の「燕」をヴィゴツキーは『思考と言語』で引用しながら言葉の大切さを説いている。

ルリヤ（Luria, A. R.）
心理学研究所で、ヴィゴツキー、レオンチェフと共に「トロイカ体制」で心理学研究を行った。ヴィゴツキーの言語発達論を継承・発展したり、ヴィゴツキーとの共同で中央アジア・ウズベキスタンでのフィールド研究を行うなど、名実共にヴィゴツキーとの共同研究者であった。

レヴィン（Lewin, K.）

ドイツの心理学者で、ヴィゴツキーとも交流があり、ヴィゴツキーはレヴィンの発達論や人格を知性と情動の連関としてみる視点から学んでいる。レヴィンの知的障害児の研究もヴィゴツキーは参考にした。

レオンチェフ（Leont'ev, A. N.）

心理学研究所で、ヴィゴツキー、ルリヤと共に「トロイカ体制」で心理学研究を行った。ヴィゴツキーとは記憶の発達などで共同研究を行った。彼は人間の行為を重視した「活動理論」を提唱し、ヴィゴツキーが言語活動を重視したのとは力点の置き方が異なっていた。

レーニン（Lenin, V. I.）

ロシア革命の主導者。ヴィゴツキーは彼の『哲学ノート』を認識論や概念形成論について参考にしていた。ヴィゴツキーはレーニンが実践的行為と理性の間の弁証法的関係の考えを重視したことに賛同した。

おわりに

今日、ヴィゴツキーは、人間精神とその発達をめぐる理論家として最も注目されている研究者と言ってよいだろう。彼は短い生涯であったが、それにもかかわらず多くの著書、論文を残している。そのこともあって、彼の研究の全貌を把握することなく、いくつかの彼のよく知られているもので語られ、一部の文献だけを使って議論されていることが多いのも事実である。たとえば、「発達の最近接領域論」や「歴史・文化的接近」、「思考と言語の関係」といったことが、彼が著書の中のどのような文脈の中で論じているのかを十分に確認することなく使われてきたりしている。

それは何も我が国だけの事情ではない。比較的著名な欧米の研究者であってもヴィゴツキーの研究を参照するのに、コールたちが1978年に編集した *Mind in Society* が広く利用されている。ヴィゴツキーの主要な著書と論文の一部をコンパクトにまとめているという便利さはあるが、やはり要約版という制約を免れるものではない。しかも、その内容にはかなり編集の意図や、英語に翻訳するうえでのバイアスも当然のことながらある。今日、ヴィゴツキー著作集としてほぼ完成版と言ってよいロシア語版の全集、そしてそれを元にした英語版の全6巻の著作集は基礎文献となっている。だが、これらに直接言及しながらヴィゴツキーを論じているものは必ずしも多くない。

もう少し詳しくヴィゴツキーの研究のことを知りたいと思った時には、彼の著書に直接当たるのが通例だが、彼の著書はその冊数も多く、また一冊の著書でもボリュームの大きなものが多く、彼の理論の全貌をつかみにくいのも事実である。だが、やはり彼が人間精神をめぐってどのような理論と思想を展開していたのかを知るためには、主要な著書を通してみていくことが必要だし、そのことが結局はヴィゴツキーの理論を正しく理解していくことになるだろう。

とは言え、主要著書をいきなり読み通すことは困難であることも事実である。前もって理論の全体像をつかむことができれば大いに助けとなるだろう。このような意図から本書では、彼の著書、論文で重要と思われるものを選んで、その内容を背景と共に理解できるよう努めた。

改めて、これらからみえてくるヴィゴツキー理解のためのキーワードはどのようなものだろうか。ひとつは、人間の精神とその活動をシステム論としてみることである。彼の「心理システム論」である。人間の精神は複数の異なった機能の相互連関の過程から生じているという考えであり、一つの要因だけでこれらを説明しないというものである。それと同じことをグレゴリー・ベイトソン(Bateson, G.)は『精神と自然』(1979)で、人間の精神を相互に反応する部分ないしは構成要素の集合であるとし、また、精神の各部分の間で起こる相互作用の引き金を引くものは差異である（邦訳p.125）とした。

二つ目のキーワードは、意識の解明としての人間精神を論じていくことである。人間精神の形成の基本的な活動を思考すること、話すことの連関の中で生まれる言語的思考とし、ここから自己の精神世界が形成されていくとした。彼は、この主体的な活動によって世界の中で生き、世界と関わりながら自らの随意性と自覚性を獲得し、自己の意識世界を可能にしていくとした。

三つ目のキーワードは、歴史的、文化的存在としての人間という視点を持つことである。歴史的存在として人間を考えた時、人間を作り上げているのは、自らの歴史と文化を創造していく能動的な文化創造者としての活動である。もちろん、人間は文化と歴史の制約の中で生きている存在である以上、文化に支えられた活動の中で発達を実現していくのだが、同時に彼は主体的な学習によって自己の発達を実現していくという視点を一貫して持っていた。

最後の四つ目のキーワードは、人間の発達の可能性を基礎に置きながら、発達の方向を予定調和の形では論じないということである。いわば偶然の出会いの中で、人はさまざまな人や出来事と遭遇し、その中で多くの触発を受けながら成長と変化をしていく。この小さな変化の中で起きていることは予測できないことが多い。この半ば偶然の積み重ねとして人間の発達と成長があると考えた。それは彼自身も十代の頃から親しんだ旧約聖書の中の『コヘレトの言葉』に触発を受けたものでもあった。『コヘレトの言葉』は預言に支配されないで、自らの生を生きていくことの大切さを説いていた。

ヴィゴツキーは、彼が三十七年の生涯を終える時に、「準備はできている」という言葉を残したとされている。「いつでも準備できている!(Всегда готов!)」はピオネールというソ連時代にあった共産少年団で、「準備せよ!(Будь готов!)」の号令に対する返事として、「常に祖国に奉仕する準備ができている」という意味で使われたもので、今でもしばしば冗談めかして使われたりしている。ヴィゴツキーの最期の言葉の「準備はできている」は、自らの心理学理論が人間精神の姿を新しく塗り替え、われわれの社会・文化に貢献していける研究の出発点に立つことができたというメッセージだったのではないだろうか。

最後に、この本を世に出すにあたっては新曜社の塩浦さんより適切なコメントをいただきました。いつものように他人に読んでもらえるものにするためには何が必要なのか、その大切なことを教えていただきました。心より感謝致します。

人名索引

■は行

■ま行

■や行

■ら行

事項索引

■た行

■な行

■は行

■ま行

■や行

■ら行

文　献

Adler, A. 1927. *Praxis und Theorie der Individual-psychologie.* J. F. Bergmann.

アルセーニエフ, V. K. 1921.「ウスリー地方にそって」(邦題「シベリアの密林を行く」) 長谷川四郎（訳）1966.『現代世界ノンフィクション全集１』所収, 筑摩書房, pp.283-528.

アルセーニエフ, V. K. 1930.「デルスウ・ウザーラ」長谷川四郎（訳）1953.『ウスリー紀行』(世界探検紀行全集10) 河出書房.／長谷川四郎（訳）1965.『デルスウ・ウザーラ —— 沿海州探検行』(東洋文庫55) 平凡社.／安岡治子（訳）2001.『デルス・ウザラ』小学館.／『デルス・ウザーラ』(映画作品) 黒澤明（監督・脚本）2002. 日本ヘラルド映画.

バシロワ, T. A. 2015.『20世紀ロシアの挑戦 盲ろう児教育の歴史 —— 事例研究にみる障害児教育の成功と発展』広瀬信雄（訳）2017. 明石書店.

ベーコン, F. 1620.『ノヴム・オルガヌム (新機関)』桂寿一 (訳) 1978. 岩波書店 (岩波文庫).

ベイトソン, G. 1979.『精神と自然 —— 生きた世界の認識論』佐藤良明（訳）1982. 思索社.

ブロンスキー, P. P. 1919.『労働学校』堀秀彦（訳）1935. 松柏館書店.

ボーデン, M. A. 1979.『ピアジェ』波多野完治（訳）1980. 岩波書店.

ブルーナー, J. S. 他 1967.『認識能力の成長 —— 認識研究センターの協同研究 (上・下)』岡本夏木他（訳）1968./69. 明治図書出版.

Cannon, W. B. 1927. The James-Lange theory of emotions: A critical examination and an alternative theory. *American Journal of Psychology, 39.* pp.106-124.

Cole, M., John-Steiner, V., Scribner, S. & Souberman, E. 1978. Tool and symbol in child development. In *Mind in society.* Cambridge: Harvard University Press, pp.19-30.

コール, M. 1996.『文化心理学 —— 発達・認知・活動への文化－歴史的アプローチ』天野清（訳）2002. 新曜社.

ダマシオ, A. R. 2003.『感じる脳 —— 情動と感情の脳科学よみがえるスピノザ』田中三彦（訳）2005. ダイヤモンド社.

ダマシオ, A. R. 2005.『デカルトの誤り —— 情動、理性、人間の脳』田中三彦（訳）2010. 筑摩書房（ちくま学芸文庫).

Daniels, H. & Hedegaad, M. (Eds.) 2011. *Vygotsky and special needs education: rethinking support for children and schools.* London: Continuum.

デボーリン, A. M. 1923.『弁証法的唯物論の哲学』川内唯彦・永田廣志（訳）1927. 叢文閣.
ドゥルーズ, G. 1968.『スピノザと表現の問題』工藤喜作他（訳）1991. 法政大学出版局.
ドゥルーズ, G. 1995.「内在－ひとつの生」小沢秋広（訳）2004.『狂人の二つの体制 ── 1983-1995』所収, 河出書房新社, pp.295-302.
デカルト, R. 1637.『方法序説』谷川多佳子（訳）1997. 岩波書店（岩波文庫).
デカルト, R. 1649.『情念論』谷川多佳子（訳）2008. 岩波書店（岩波文庫).
土井捷三 2016.『ヴィゴツキー［思考と言語］入門 ── ヴィゴツキーとの出会いへの道案内』三学出版.
ドストエフスキー, F. 1879-80.『カラマーゾフの兄弟（上・中・下)』原卓也（訳）1978. 新潮社（新潮文庫).
エックルス, J. & ギブソン, W. C. 1979.『シェリントンの生涯と思想 ── 現代脳研究のパイオニア』大野忠雄（訳）1987. 産業図書.
エンゲルス, F. 1873-1886.『自然の弁証法』（マルクス＝エンゲルス全集第20巻）大内兵衛・細川嘉六（監訳）1968. 大月書店 所収, pp.337-614.
藤波尚美 2009.『ウィリアム・ジェームズと心理学 ── 現代心理学の源流』勁草書房.
ガブリエル, M. 2015.『「私」は脳ではない ── 21世紀のための精神の哲学』姫田多佳子（訳）2019. 講談社（講談社選書メチエ).
波多野誼余夫・高橋恵子 1990.『生涯発達の心理学』岩波書店（岩波新書).
波多野誼余夫・高橋恵子 1997.『文化心理学入門』岩波書店.
ヘーゲル, G. W. F. 1801.『理性の復権 ── フィヒテとシェリングの哲学体系の差異』山口祐弘他（訳）1985. 批評社.
広瀬信雄 2018.『ヴィゴツキー評伝 ── その生涯と創造の軌跡』明石書店.
細谷恒夫 1970.「現象学の意義とその展開」細谷恒夫（責任編集)『世界の名著 51・ブレンターノ　フッサール』中央公論社 所収, pp.7-48.
James, W. 1884. What is an emotion? *Mind, 19*, pp.188-205.
ジェイムズ, W. 1899.『心理学について ── 教師と学生に語る』（ウィリアム・ジェイムズ著作集1）大坪重明（訳）1960. 日本教文社.
James, W. 1890. *The principles of psychology*. NY: Dover Publications.
ジェイムズ, W. 1905.「純粋経験の世界における感情的事実の占める位置」桝田啓三郎・加藤茂（訳）1998.『根本経験論』所収, 白水社, pp.120-132.／「純粋経験の世界における感情的事実の位置」伊藤邦武（編訳）2004.『純粋経験の哲学』所収, 岩波書店（岩波文庫), pp.144-160.

ジャネー, P. 1929.『人格の心理的発達』関計夫（訳）1955. 慶応通信.
ジャンケレヴィッチ, V. 1994.『最初と最後のページ』合田正人（訳）1996. みすず書房.
神谷栄司 2004.「ヴィゴツキーの情動論と「人間の心理学」」『ヴィゴツキー学 第5巻』pp.9-19.
神谷栄司 2006.「『芸術心理学』から『情動に関する学説』へ —— ヴィゴツキーにおける「人間の心理学」の探求」『ヴィゴツキー学 第7巻』pp.11-17.
神谷栄司 2007.「ヴィゴツキーの情動理論・再論」『ヴィゴツキー学 第8巻』pp.1-11.
神谷栄司 2009.「情動の理論 —— ヴィゴツキーはスピノザをどのように読んだのか」『ヴィゴツキー学 第10巻』pp.35-50.
神谷栄司 2010.『未完のヴィゴツキー理論 —— 甦る心理学のスピノザ』三学出版.
コージング, A. 1969.『マルクス主義哲学（上・下）』藤野渉・秋間実（訳）1969, 1970. 大月書店.
ケーラー, W. 1917.『類人猿の知恵試験』（第二版・1924）宮孝一（訳）1962. 岩波書店.
クレッチマー, E. 1927.『医学的心理学（Ⅰ・Ⅱ）』西丸四方・高橋義夫（訳）1955. みすず書房.
クレッチマー, E. 1928.『ヒステリーの心理』吉益脩夫（訳）1961. みすず書房.
クルイロフ, I. A. 1956.『寓話』峯俊夫（訳）1988. 国文社.
桑野隆 2017.『20世紀ロシア思想史』岩波書店.
ランガー, S. K. 1957.『シンボルの哲学』矢野萬里他（訳）1960. 岩波書店.
ルドゥー, J. E. 1996.『エモーショナル・ブレイン —— 情動の脳科学』松本元・川村光毅他（訳）2003. 東京大学出版会.
レーニン, V. I. 1929.『哲学ノート（上・下）』松村一人（訳）1975. 改訳版, 岩波書店（岩波文庫).
レオンチェフ, A. N. 1959.『子どもの精神発達』松野豊・西牟田久雄（訳）1967. 明治図書出版.
レオンチェフ, A. A. 1990.『ヴィゴツキーの生涯』菅田洋一郎（監訳）2017. 新装改訂版, 新読書社.
レヴィチン, K. 1983.『ヴィゴツキー学派 —— ソビエト心理学の成立と発展』柴田義松（監訳）1984. プログレス出版所（発売・ナウカ).
レヴィ＝ブリュル, L. 1910.『未開社会の思惟（上・下）』山田吉彦（訳）1953. 岩波書店（岩波文庫).
レヴィ＝ブリュル, L. 1935.『原始神話学』古野清人（訳）1970. 弘文堂.

レヴィン, K. 1935.『パーソナリティの力学説』相良守次・小川隆（訳）1957. 岩波書店.

ルリヤ, A. R. 1974.『認識の史的発達』森岡修一（訳）1976. 明治図書出版.／*Cognitive development: Its cultural and social foundations.* Translated by Lopez-Morillas, M. & Solotaroff, L., Edited by Cole, M. 1976. Cambridge: Massachusetts, Harvard University Press.

ルリヤ, A. R. 1979.『言語と意識』天野清（訳）1982. 金子書房.

マンデリシュターム, O. 1922.『トリスチア ── 悲しみの歌；エッセイ言葉と文化』早川真理（訳）2003. 群像社.

マルクス, K. 1859.『経済学批判への序説（マルクス・エンゲルス全集 第13巻)』大内兵衛・細川嘉六（監訳）1964. 大月書店.／『経済学批判要綱序説（マルクス・コレクションIII)』横張誠・木前利秋・今村仁司（訳）2005. 筑摩書房.

マルクス, K. 1894.『資本論 第3部』マルクス＝エンゲルス全集第25巻第2分冊, 大内兵衛・細川嘉六（監訳）1967. 大月書店.

マルクス, K.・エンゲルス, F. 1845-1846.『ドイツ・イデオロギー』真下信一（訳）1965. 大月書店（国民文庫6).／廣松渉（編訳）2002. 岩波書店（岩波文庫).／『ドイツ・イデオロギー』(第1巻第篇「フォイエルバッハ｣) 真下信一（訳）1965. 大月書店（国民文庫・6）

マルクス, K.・エンゲルス, F. 1894.『資本論 第1巻』大内兵衛・細川嘉六（監訳）1967. 大月書店.

McCarthy, D. A. 1929. *The language development of the preschool child.* Minneapolis: The University of Minnesota Press (University of Minnesota Institute of Child Welfare monograph series; no.4, reprinted by Greenwood Press,1975).

宮川絹代 2013.『ブーニンの「眼」── イメージの文学』水声社.

岡本夏木 1982.『子どもとことば』岩波書店（岩波新書).

ポラン, F. 1928.「語の意味とはなにか」小川雅美・神谷栄司（訳）2019.『ヴィゴツキー、ポラン／言葉の内と外 ── パロルの内言と意味論』所収, 三学出版, pp.1-50.

パブロフ, I. P. 1923.『高次神経活動の客観的研究』岡田靖雄・横山恒子（訳）1979. 岩崎学術出版社.

ペトロフスキー, A. B. 1967.『ソビエト心理学史 ── 心理科学の基礎の形成』木村正一（訳）1969. 三一書房.

プレハーノフ, G. V. 1925.『史的一元論（上・下)』川内唯彦（訳）1963. 岩波書店（岩波文庫).

ピアジェ , J. 1923.『児童の言語と思考』(邦題『児童の自己中心性』) 大伴茂（訳）

1954. 同文書院.
ピアジェ, J. 1924.『児童における判断と推理』(邦題『判断と推理の発達心理学』) 滝沢武久・岸田秀 (訳) 1969. 国土社.
ピアジェ, J. 1926.『児童における世界像』(邦題『児童の世界観』) 大伴茂 (訳) 1955. 同文書院.
ピアジェ, J. 1927.『児童における物理的因果』(邦題『子どもの因果関係の認識』) 岸田秀 (訳) 1971. 明治図書出版.
ピアジェ, J. 1965.『哲学の知恵と幻想』岸田秀・滝沢武久 (訳) 1971. みすず書房.
プランパー, J. 2012.『感情史の始まり』森田直子 (監訳) 2020. みすず書房.
ポリツエル, G. 1928.『心理学の基礎の批判』(邦題『精神分析の終焉 ―― フロイトの夢理論批判』) 富田正二 (訳) 寺内礼 (監修) 2002. 三和書籍.
レイフ, I. 2011.『天才心理学者ヴィゴツキーの思想と運命』広瀬信雄 (訳) 2015. ミネルヴァ書房.
サックス, O. 1984.『左足をとりもどすまで』金沢泰子 (訳) 1994. 晶文社.
『聖書』2018. 聖書協会共同 (訳) 日本聖書協会.
スピノザ, B. de 1677.『エチカ ―― 倫理學』(上) 畠中尚志 (訳) 1951. 岩波書店 (岩波文庫).
Stern, W. 1921. *Die differentielle Psychologie in ihren methodischen Grundlagen.* Leipzig: Psychologie in ihren methodischen Grundlagen. Verlag von Johann Ambrosius Barth.
高橋澪子 2016.「第Ⅱ部・一九世紀ドイツの科学思想とヴント心理学の論理」『心の科学史 ―― 西洋心理学の背景と実験心理学の誕生』講談社 (講談社学術文庫) 所収, pp.118-235.
梅田聡・小嶋祥三 (監修) 2020.「感情 (ジェームズ/キャノン/ダマシオ)」(名著精選 ―― 心の謎から心の科学へ) 岩波書店.
Valsiner, J. & van der Veer, R. 2000. *The Social mind: Construction of the idea.* Cambridge, U.K.: Cambridge University Press.
van der Veer, R. 2007. *Lev Vygotsky.* London: Continuum Books.
van der Veer, R. & Valsiner, J. 1991a. *Understanding Vygotsky: A quest for synthesis.* Cambridge, Massachusetts: Blackwell.
van der Veer, R. & Valsiner, J. 1991b. The expeditions to Central Asia (Ch.10). In *Understanding Vygotsky.* Oxford: UK, Blackwell, pp.242-255.
van der Veer, R. & Valsiner, J. 1994. *Vygotsky Reader.* Oxford: Blackwell.
van der Veer, R. & Yasnitsky, A. 2016. Vygotsky the published: Who wrote Vygotsky and what Vygotsky actually wrote. In A. Yasnitsky & R. van der Veer (Eds.)

Revisionist revolution in Vygotsky studies. NY: Routledge, pp.73-93.

Veresov, N. 1999. *Undiscoverd Vygotsky: Etudes on the pre-history of cultural-historical psychology.* Frankfurt am Main: Peter Lang.

ヴィゴツキー, L. S. 1916.『デンマークの王子ハムレットについての悲劇』(邦題『ハムレット —— その言葉と沈黙』) 峯俊夫（訳）1970. 国文社.

ヴィゴツキー, L. S. 1924-1934.『ヴィゴツキー障害児発達・教育論集』柴田義松・宮坂琇子（訳）2006. 新読書社.／The fundamentals of defectology. In R. W. Rieber & A. S. Carton (Eds.) 1993. *The collected works of L. S. Vygotsky Vol.2.* New York: Plenum Press.

ヴィゴツキー, L. S. 1925a (1968).『芸術心理学』柴田義松（訳）2006. 新訳版, 学文社.

ヴィゴツキー, L. S. 1925b.「行動の心理学の問題としての意識」柴田義松・藤本卓・森岡修一（訳）1987.『心理学の危機 —— 歴史的意味と方法論の研究』所収, 明治図書, pp.61-92.／Consciousness as a problem for the psychology of behavior. translated and with an introduction by R. van der Veer 1997. In R. W. Rieber & J. Wollock (Eds.) *The collected works of L. S. Vygotsky vol.3.* New York: Plenum Press, pp.63-79.

ヴィゴツキー, L. S. 1926a.「反射学的研究と心理学的研究の方法論」中村和夫（訳）1985.『心理科学』第8巻 第2号, pp.30-44.／The methods of reflexological and psychological investigation. Translated by R. van der Veer & J. Valsiner 1994. In *The Vygotsky reader.* Oxford: Blackwell, pp.27-45.／ translated and with an introduction by R. van der Veer 1997. In R. W. Rieber & J. Wollock (Eds.) *The collected works of L. S. Vygotsky vol.3.* New York: Plenum Press, pp.35-49.

ヴィゴツキー, L. S. 1926b.『ヴィゴツキー教育心理学講義』柴田義松・宮坂琇子（訳）2005. 新読書社.

ヴィゴツキー, L. S. 1926－1934.『ヴィゴツキー心理学論集』柴田義松・宮坂琇子（訳）2008. 学文社.

Vygotsky, L. S. 1927a. Sovremennaia psikhologiia i iskusstvo（現代心理学と芸術, Soveskoe iskusstovo（ソヴィエト芸術), no.8, pp.5-8.

ヴィゴツキー, L. S. 1927b.「心理学の危機の歴史的意味」柴田義松・藤本卓・森岡修一（訳）1987.『心理学の危機 —— 歴史的意味と方法論の研究』所収, 明治図書, pp.93-288.

Vygotsky, L. S. 1928/2012. The science of psychology（Psikhologicheskaja nauka v USSR). In Volgin, V. P., Gordov, G. O., Luppol, I. K. *Obshchwstvennye nauki v SSSR, 1917-1927,* Moscow: Rabotnik Prosveschcheniia, pp.25-46. English

translation In *Journal of Russian and East European Psychology, 50*(4), pp.85-106.

ヴィゴツキー, L. S. 1928.「子どもの文化的発達の問題」中村和夫（訳）1990.『心理科学』第12巻第2号, 30-44.／柴田義松・宮坂琇子（訳）2008.『ヴィゴツキー心理学論集』所収, 学文社, pp.143-161.／ The problem of the cultural development of the child. In R. van der Veer & J. Valsiner 1994. *The Vygotsky reader*. Oxford: Blackwell, pp.57-72.

ヴィゴツキー, L. S. 1928-29.「書きコトバの前史」柴田義松・森岡修一（訳）1975.『子どもの知的発達と教授』明治図書出版 所収, pp.35-67.／「書きことばの前史」土井捷三・神谷栄司（訳）2003.『「発達の最近接領域」の理論 ―― 教授・学習過程における子どもの発達』三学出版 所収, pp.114-153.

ヴィゴツキー, L. S. 1929.「人間の具体的心理学」柴田義松・宮坂琇子（訳）2008.『ヴィゴツキー心理学論集』所収, 学文社, pp.238-257 ／土井捷三他（訳）2012.「子どもの具体心理学」土井捷三・神谷栄司（監訳）『「人格発達」の理論 ―― 子どもの具体心理学』所収, 三学出版, pp.262-284. A. A. Puzyrei (translated) 1989 *Concrete human psychology. in Journal Soviet psychology, 27*(2), pp.53-77.

ヴィゴツキー, L. S. 1930a.「心理システムについて」柴田義松・宮坂琇子（訳）2008.『ヴィゴツキー心理学論集』所収, 学文社, pp.9-37.／伊藤美和子・神谷栄司他（訳）2008.「心理システムについて」『ヴィゴツキー学』第9巻, pp.91-109.／ On psychological systems. In R. W. Rieber & J. Wollock (Eds.) 1997. *The collected works of L. S. Vygotsky Vol.3*. New York: Plenum Press, pp.91-107.

ヴィゴツキー, L. S. 1930b.『思春期の心理学』柴田義松他（訳）2004. 新読書社／Pedology of the adolescent, In R. W. Rieber (Ed.) 1998. *The collected works of L. S. Vygotsky Vol.5 (Child psychology)*. New York: Plenum Press, pp.3-184.／ van der Veer, R. & Valsiner, J. 1994. *Vygotsky Reader*. Oxford: Blackwell.

ヴィゴツキー, L. S. 1930c.「子どもの発達における道具と記号」（邦題「子どもによる道具と記号（言語）操作の発達」）柴田義松（訳者代表）2002.『新児童心理学講義』所収, 新読書社, pp.168-246.／Tool and sign in the development of the child. In R. W. Rieber (Ed.) 1999. *The collected works of L. S. Vygotsky vol.6 (Scientific legacy)*. New York: Plenum Press, pp.3-68.／ Tool and sign in the development of the child. In R. van der Veer & J. Valsiner 1994. *The Vygotsky reader*. Oxford: Blackwell, pp.99-174.

ヴィゴツキー, L. S. 1930d.「子どもの発達における道具と記号（第1章）」土井捷三・神谷栄司（訳）2001.『ヴィゴツキー学第２巻』pp.41-60.

ヴィゴツキー, L. S. 1930e.「高次精神過程の発達における記号の機能」（「子どもの発達における道具と記号」第２章）神谷栄司・土井捷三（訳）2003.『ヴィゴツ

キー学第 4 巻』pp.25-34.
ヴィゴツキー, L. S. 1930f.「高次精神機能の研究方法」(「子どもの発達における道具と記号」第 5 章) 神谷栄司・土井捷三 (訳) 2003.『ヴィゴツキー学第 4 巻』pp.35-38.
ヴィゴツキー, L. S. 1930g.『子どもの想像力と創造』広瀬信雄 (訳) 2002. 新読書社.
ヴィゴツキー, L. S. 1930h.「心理と意識と無意識」柴田義松・宮坂琇子 (訳) 2008.『ヴィゴツキー心理学論集』所収, 学文社, pp.55-76.／Mind, consciousness, the unconscious. translated and with an introduction by R. van der Veer 1997. In R. W. Rieber & J. Wollock (Eds.) *The collected works of L. S. Vygotsky vol.3.* New York: Plenum Press, pp.109-121.
ヴィゴツキー, L. S. 1930i.「動物心理学と児童心理学における実際的知能の問題」柴田義松他 (訳) 2002.『新 児童心理学講義』新読書社, pp.168-205.
Vygotsky, L. S. 1930j. Preface to Köhler. Translated and with an introduction by R. van der Veer 1997. In R. W. Rieber & J. Wollock (Eds.) *The collected works of L. S. Vygotsky vol.3.* New York: Plenum Press, pp.77-142.
ヴィゴツキー, L. S. 1930k.「心理学における道具主義的方法」柴田義松 (訳) 1987.『心理学の危機 —— 歴史的意味と方法論の研究』所収, 明治図書出版, pp.51-59.／The instrumental method in psychology. In R. W. Rieber & J. W. Wollock (Eds.) 1997. *The collected works of L. S. Vygotsky vol.3 (Problems of the theory and history of psychology).* New York: Plenum Press, pp.85-89.
ヴィゴツキー, L. S. 1930-1931a.『文化的・歴史的精神発達の理論』柴田義松 (監訳) 2005. 学文社.／The history of the development of higher mental functions. In R. W. Rieber (Ed.) 1997. *The collected works of L. S. Vygotsky vol.4 (The history of the development of higher mental functions).* New York: Plenum Press, pp.1-251.
ヴィゴツキー, L. S. 1930-1931b.「算数操作の発達」(文化的・歴史的精神発達の理論・ロシア語版第8章) 柴田義松・土井捷三 (訳) 2006.『ヴィゴツキー学第7巻』pp.43-46.
ヴィゴツキー, L. S. 1930-1931c.「記憶と記憶術の機能の発達」(文化的・歴史的精神発達の理論・ロシア語版第10章) 柴田義松・土井捷三 (訳) 2006.『ヴィゴツキー学第7巻』pp.47-56.
ヴィゴツキー, L. S. 1931-1933.『情動の理論 —— 心身をめぐるデカルト、スピノザとの対話：最後の手稿』神谷栄司他 (訳) 2006. 三学出版.／「エリ・エス・ヴィゴツキー：情動にかんする学説 —— 歴史的－心理学的研究 (上・中・下)」神谷栄司他 (訳) 2003-2004.『ヴィゴツキー学』第4巻～第6巻.／The teaching about

emotions: Historical/psychological studies. In Rieber, R. W. (Ed.) 1999. *The collected works of L. S. Vygotsky Vol.6 (Scientific legacy)*. Kluwer Academic / Prenum Publishers, pp.71-235.

ヴィゴツキー, L. S. 1932a.「意識の問題（ヴィゴツキーの基調報告覚書)」柴田義松・宮坂琇子（訳）2008.『ヴィゴツキー心理学論集』所収, 学文社, pp.38-54.／The problem of Consciousness. In R. W. Rieber & J. Wollock (Eds.) 1997. *The collected works of L. S. Vygotsky Vol.3*. New York: Plenum Press, pp.129-138.

ヴィゴツキー, L. S. 1932b.『子どもの心はつくられる —— ヴィゴツキー心理学講義』菅田洋一郎（監訳）2000. 新読書社.／Lectures on psychology. In R. W. Rieber & A. S. Carton (Eds.) *The collected works of L. S. Vygotsky Vol.1 (Problems of General Psychology)*. New York: Plenum Press, pp.289-358.

ヴィゴツキー, L. S. 1933a.「子どもの心理発達における遊びとその役割」神谷栄司（訳）1989.『ごっこ遊びの世界 —— 虚構場面の創造と乳幼児の発達』所収, 法政出版, pp.2-34.／「就学前期 —— 子どもの心理発達における遊びとその役割」土井捷三・神谷栄司（監訳）2012.『「人格発達」の理論 —— 子どもの具体心理学』所収, 三学出版, pp.138-170.

ヴィゴツキー, L. S. 1933b.「児童学における環境の問題」土井捷三・神谷栄司（監訳）2012.『「人格発達」の理論 —— 子どもの具体心理学』所収, 三学出版, pp.262-284.

ヴィゴツキー, L. S. 1934a.「ゲシュタルト心理学における発達の問題 —— 批判的検討」柴田義松・宮坂琇子（訳）2008.『ヴィゴツキー心理学論集』所収, 学文社, pp.77-142.

ヴィゴツキー, L. S. 1934b.「知恵遅れの問題」柴田義松・森岡修一（訳）1975.『子どもの知的発達と教授』所収, 明治図書出版, pp.151-185 ／ The problem of mental retardation. In R. W. Rieber & A. S. Carton (Eds.) 1993. *The collected works of L. S. Vygotsky Vol.2*. New York: Plenum Press, pp.220-240.

ヴィゴツキー, L. S. 1934c.『思考と言語（新訳版）』柴田義松（訳）2001. 新読書社.

Vygotsky, L. S. 1934. Thinking and speech. Minick, N. (translated) 1987. In R. W. Rieber & A. S. Carton (Eds.) *The collected works of L. S. Vygotsky Vol.1 (Problems of General Psychology)*. New York: Plenum Press, pp.43-243.

ヴィゴツキー, L. S. 1934d.「思惟と語（思考と言語・第7章)」神谷栄司・伊藤美和子（訳）2019.『ヴィゴツキー, ポラン／言葉の内と外 —— パロルの内言と意味論』所収, 三学出版, pp.53-147.

ヴィゴツキー, L. S. 1935a.「教授・学習との関連における学齢児の知的発達のダイナミズム」土井捷三・神谷栄司（訳）2003.『「発達の最近接領域」の理論 ——

教授・学習過程における子どもの発達』所収, 三学出版, pp.49-81.

ヴィゴツキー, L. S. 1935b.「生活的概念と科学的概念の発達」土井捷三・神谷栄司（訳）2003.『「発達の最近接領域」の理論 —— 教授・学習過程における子どもの発達』所収, 三学出版, pp.154-186.

ヴィゴツキー, L. S.・ルリヤ, A. 1930.『人間行動の発達過程 —— 猿・原始人・子ども』大井清吉・渡辺健治（監訳）1987. 明治図書出版.

Watson, J. B. 1919. *Psychology: From the standpoint of a behaviorist.* Philadelphia and London: Lippincott.

ウィトゲンシュタイン, L. 1953.『哲学探究』（ウィトゲンシュタイン全集・8）藤本隆志（訳）1976. 大修館書店.

矢田部達郎 1948.『思考心理学 I —— 概念と意味』培風館.

ザクレーピナ, A. V. 2019.『ヴィゴツキー理論でのばす障害のある子どものソーシャルスキル —— 日常生活と遊びがつくる「発達の社会的な場」』広瀬信雄（訳）2020. 明石書店.

Zavershineva, E. IU. 2012a. The key to human psychology. Commentary on L. S. Vygotsky's notebook from the Zakharino Hospital (1926) in *Journal of Russian and East Europian Psychology 50*(4), pp.16-41.

Zavershineva, E. IU. 2012b. Investigating L. S. Vygotsky's manuscript "The historical meaning of the crisis in psychology" in *Journal of Russian and East Europian Psychology 50*(4), pp.42-63.

Zavershineva, E. & van der Veer, R. 2018. (Eds.) *Vygotsky's notebooks: A selection*, Springer.

著者紹介

佐藤公治（さとう・きみはる）
北海道大学大学院教育学研究科修了。博士（教育学、北海道大学）。北海道大学大学院教育学研究院教授を経て、現在北海道大学名誉教授。
専門：発達心理学・教育心理学
著書として、『音を創る、音を聴く ── 音楽の協同的生成』、『ヴィゴツキーの思想世界 ── その形成と研究の交流』、『ヴィゴツキーからドゥルーズを読む ── 人間精神の生成論』（共著）、『「アクティブ・ラーニング」は何をめざすか ── 「主体的、対話的な学び」のあるべき姿を求めて』（以上、新曜社）、『臨床のなかの対話力 ── リハビリテーションのことばをさがす』、『臨床のなかの物語る力 ── 高次脳機能障害のリハビリテーション』、『言語機能系の再学習プロセスに向かって ── 失語症のリハビリテーションのために』（いずれも共著）（以上、協同医書出版社）など。

新曜社

ヴィゴツキー小事典
思想・理論・研究の構想

初版第1刷発行　2022年6月25日

著　者　佐藤公治
発行者　塩浦　暲
発行所　株式会社　新曜社
101-0051　東京都千代田区神田神保町3-9
電話（03）3264-4973（代）・FAX（03）3239-2958
e-mail : info@shin-yo-sha.co.jp
URL : https://www.shin-yo-sha.co.jp

組　版　Katzen House
印　刷　星野精版印刷
製　本　積信堂

ISBN978-4-7885-1779-0 C1011